EUROPEAN ESSAYS ON NATURE AND LANDSCAPE

Landschaften sind grenzübergreifend, der Blick auf Landschaften und die Kenntnis von ihnen schaffen Gemeinsamkeiten. Geschichte, Politik, Geologie, Wirtschaft, Biologie, Kunst und Literatur und viele Wissensbestände mehr werden in der Betrachtung der EUROPEAN ESSAYS ON NATURE AND LANDSCAPE zum Gegenstand. Die Beschäftigung mit Landschaften schärft den Blick auf die uns umgebende Natur und sie regt zum eigenen Naturerleben an. Wir sind auf unsere Landschaften in vielfältigem Sinn angewiesen, sie sind unsere Lebensgrundlage – vor allem die der kommenden Generationen. Warum Essays? Der Essay ist streng im Blick auf das Ergebnis, nicht aber in der Systematik. Im Mittelpunkt steht oft die persönliche Auseinandersetzung der Autorin oder des Autors mit dem jeweiligen Gegenstand. Alles ist erlaubt, wenn es die Lesenden dem Gegenstand näherbringt, ihn für sie erschließt. Der Essay ermöglicht einen an Perspektiven reichen Blick. In der hier vorgestellten Buchreihe den auf Landschaften und Naturphänomene in Europa.

HÜGELLAND

In den Hügelländern zwischen Norddeutschem Tiefland und der Mittelgebirgsschwelle befindet man sich zwischen extremen Zeitspannen der Erdgeschichte. Die jungen Eiszeiten aus dem Norden sind hier an den alten kontinentalen Platten gestrandet. Wellige Hügel muten an, als hätte sich der Saum des Eismeeres in die Erde geschrieben. Das fast Unfassbare liegt darin, dass man heute mit dem Gang auf die Hügel auf eine Zeitreise gehen kann.   Thomas Kunadt

EUROPEAN ESSAYS
ON NATURE
AND LANDSCAPE

THOMAS KUNADT

HÜGELLAND

KJM Buchverlag

Die EUROPEAN ESSAYS ON NATURE AND LANDSCAPE
werden von Klaas Jarchow herausgegeben.

1. Auflage Oktober 2023
Copyright © 2023 by Waldlichtung UG
Simrockstr. 9a, 22587 Hamburg
www.europeanessays.eu
ISBN 978-3-96194-221-3
Vertrieb: KJM Buchverlag, Hamburg
www.kjm-buchverlag.de

Satz, Gestaltung: Svenja Wiese, Hamburg
Gestaltungskonzept: Eberhard Delius, Berlin
Gesetzt aus der Alisal und Scala Sans
gedruckt auf Munken Pure 120 g, Überzug f-color natur Hanf geprägt
Cover und Umschlaggestaltung: Rothfos & Gabler, Hamburg
unter Verwendung von shutterstock_2076654175
Lektorat: Katrin Köhler, Wien
Korrektorat: Andrea Wolf, Hamburg
Druck & Bindung: Gugler GmbH, Melk/Donau
Printed in Austria
Alle Rechte vorbehalten

Mehr über die European Essays
on Nature and Landscape:

www.europeanessays.eu

Wann ist ein Hügel ein Hügel
und wann ein Berg?

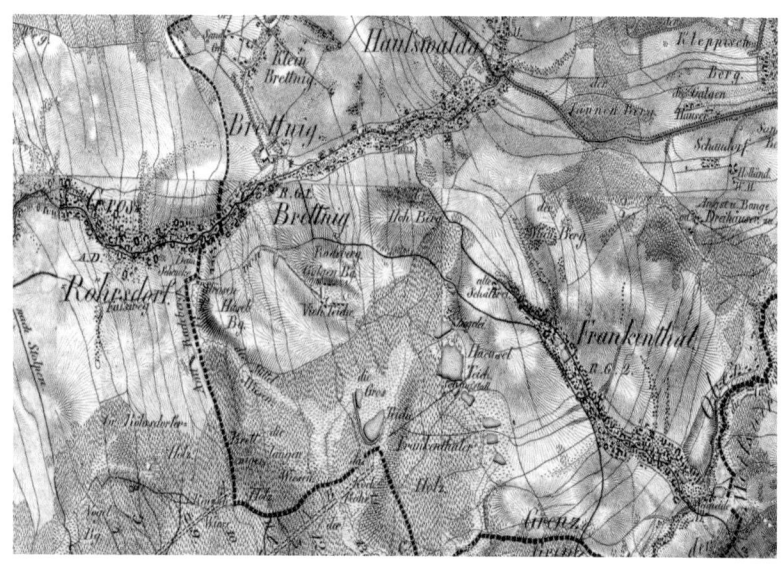

Hügelland um Bretnig historisch

© *Topografischer Atlas des Königreiches Sachsen, Obereit, 1821*

Hügelland

2021 kehrte ich nach fast 30 Jahren in Hamburg – und auf
Reisen überall auf der Welt – in meine Heimat in der Oberlausitz zurück. Ich erzähle hier die Geschichte dieser Rückkehr
und berichte dabei, auf welche besondere Weise ich mir das
Hügelland meiner Kindheit wieder aneignete.

Ich fasse 2023 das Ergebnis dieser Idee so zusammen: Auf
720 verschiedenen Erhebungen des Hügellandes war ich in
den gut zwei Jahren 1200 Mal oben auf. Knapp die Hälfte der
1500 Oberlausitzer Hügel und Berge ist erklommen, und von
zehn Hügelländern sind alle Gipfel begangen.

Prahlen mit Zahlen? Nein. Für mich verbinden sich damit
körperliche Erfahrungen, Erinnerungen und ein ergangener
Fundus an Orientierung und Wissen. Davon berichte ich hier.

Willkommen im Lösslehmhügelland

Genau genommen ist der Ort, an dem ich meine ersten eigenen Schritte gegangen bin, einer von wohl vielen Orten, deren
Landschaft keinen eigenen Namen hat. »Er liegt in Sachsen

und in der Lausitz, nicht weit von Dresden«, sage ich dann, um den Fremden einen geografischen Anhalt zu geben. Heute, nachdem mich die Landschaft hier aufs Neue willkommen geheißen hat, fällt die Antwort, um diesem besonderen Fleckchen Erde gerecht zu werden, deutlich komplexer aus. Ja, es handelt sich um die Lausitz, korrekter aber um die Oberlausitz, und geschichtlich betrachtet um genau deren Beginn in Richtung Osten.

Ich lebe wieder an der Quelle. Es sind wenige Hundert Meter bis zu der des ersten Bachs, keine zwei Kilometer zur Schwarzen Röder, und auch die Elsterquelle ist keine zwei Stunden Fußmarsch entfernt. Die Schwester der Schwarzen Elster, die Weiße Elster, gab einem über hunderttausend Jahre umfassenden Erdzeitalter in Nordeuropa ihren Namen.

Ich wohne also nah an einem Schlüsselort der Erdgeschichte, mag das auch etwas übertrieben klingen, aber genau hier in dieser Gegend, nachdem der Harz als erste Bastion der Landschaft bereits vom Eis des Nordens völlig umzingelt war, traf es erneut auf erbitterten Widerstand und wurde schließlich aufgehalten. Die Kantigkeit dieser sogenannten Grauwacke zeigt sich bis heute im Relief der nahen Berge. Am Granit biss sich das Eis endgültig die Zähne aus. Wie gigantische Bollwerke stehen diese Berge und Erhebungen bis heute im Land, wenn sie auch einen Preis bezahlen mussten für den Widerstand. Aus den früher vermutlich majestätischen Bergkuppen sind lang gestreckte, abgeflachte, brotlaibartige Gebilde geworden. Die 500-Meter-Riesen des Lausitzer Berglandes stoppten das Eis relativ weit nördlich, während es im Elbe-,

Neiße- und Muldelauf weiter südlich drang. Die hiesige Delle in der Eisrandlinie der Elsterkaltzeit ist auf heutigen Karten deutlich sichtbar. Der Valtenberg ist hier der König. Mit fast 600 Metern lebt er von einer Reliefenergie, den Abständen zwischen höchsten und niedrigsten Punkten der Landschaft, die schon fast ans Gebirge erinnert.

Mit den Bergen im Blick bin ich unmittelbar im Hügelland gelandet. Hier ist bei knapp über 350 Metern nach oben Schluss, höher geht es nicht hinauf. Aber auch nicht sehr viel tiefer hinunter. Zwischen zwei Bergländern gelegen setzt das Hügelland hier hoch an. Auch kaum eines der Flusstäler schneidet unter 250 Meter tief ein. Der hügelige Charakter ist von langwelliger Natur und gibt der Landschaft zuweilen etwas Hochplateauartiges.

Willkommen im Lösslehmhügelland, gelegen an der Grenze zwischen Tiefland und Mittelgebirgsschwelle. Aus grauer Vorzeit betrachtet lebe ich am herzynischen Wald auf riphäischer Grauwacke. Das bedeutet, aus griechisch antiker Perspektive an einem undurchdringlichen Wald am äußersten Rand der bekannten Welt. Das Hügelland an der Steinkante zum Eis.

Es ist ein besonderes Fleckchen Erde, herausgehoben und abgetragen. Auf der Karte erkennt man diese Hügelketten leicht. Sie sind die ersten, die aus dem Norddeutschen Tiefland in Richtung Mittelgebirgsschwelle herausragen. Sie sind sowohl abgeflacht als auch spitz. Diese Spitzberge gibt es auf mehreren Ebenen, unter 250 Meter. Jeder einzelne war eine Bastion gegen das mächtige Gletschereis. Begeht man diese Landschaft, ist es so, als würde man das Schlachtfeld

Blick zum Hohberg über Bretnig aus Richtung Nordwest

eines längst vergangenen Krieges betreten, Eis gegen Fels, hart gegen hart und nicht ganz so hart. An vielen Stellen hat sich entschieden, welche Kraft jeweils stärker war, welche Berge und Kuppen geschliffen wurden, welche bestehen und bis heute überdauern konnten.

Die Vorfahren, die diese Landstriche urbar machen und bewirtschaften mussten, hatten es schwer. Es war kaum ein Durchkommen mit dem Pflug. Heute künden große Lesesteinhaufen auf dem Gipfel und am Rand dieser Kuppen von der Mühsal vergangener Jahrhunderte. Diese Steine sind ein wunderbarer Einblick in die Geschichte von Jahrmillionen.

Bei den Hügelländern in der Lausitz handelt es sich um eine langwellige, sanfte Version mit Höhenunterschieden von gerade zwanzig, dreißig, vereinzelt höchstens fünfzig Metern. Genauer gesagt befinden wir uns im Bretnig-Hauswalder Lösshügelgebiet, eines von zehn Gebieten der Bischofswerda-Großröhrsdorfer Lössplateaus, und die fünfte von sieben Einheiten des Westlausitzer Hügel- und Berglandes. Diese auch als Westlausitzer Vorberge bezeichnete Landschaft ist die dritte von vieren der Oberlausitz. Mit weiteren vier Einheiten gehört diese zu den Lössborden. Innerhalb Deutschlands werden diese neben sechs anderen Großlandschaften dem Norddeutschen Tiefland zugerechnet. Es ist die fünfte von sechs naturräumlichen Großregionen, welche sich von den Alpen bis zur Nord- und Ostsee erstrecken.

Dies ist der kürzest mögliche Steckbrief meiner alten, neuen Heimat aus Sicht der naturräumlichen Ordnung, deren Geschichte hierzulande im Jahre 2023 ihr 80-jähriges Bestehen feiern kann. Nachdem es mich in der zweiten, vielleicht weiseren Hälfte meines Lebens in meine alte Heimat zurückverschlug, hatte ich vieles im Sinn, nicht jedoch zu klären, um welche Art Landschaft es sich hier eigentlich handelt. Mit dem Großstadtleben im Norden war ich auch nach langer Anwesenheit nie so recht warm geworden. und nach meiner Rückkehr war mir ein Vorzug des Landlebens sofort wieder klar: Man kann zügig aus der Ortschaft hinausgehen. Nicht mal fünf Minuten Fußmarsch, dann bin ich außerhalb des Ortes, ich bin draußen.

Wie in vielen anderen Ortschaften hatten sich die Ahnen auch in Bretnig in einem geschützten Tal, in der Nähe zu einem Fluss angesiedelt. Nicht nur, um die Wasserkraft für Mühlen, sondern auch um das Wasser generell als Lebensader zu nutzen. Mühlen mahlen hier, im fast zehn Kilometer langen Tal der Großen Röder samt seines größten Zuflusses, dem Hauswälder Bach, heute keine mehr. Die am Tal entlang ausgerichtete Ortslage ist geblieben, neben der Hinwendung zum Fluss ist der Ort nun vor allem zur Straße ausgerichtet, die den Ort zentral durchläuft. Die Anziehungskraft der Flüsse, die Ausrichtung ausschließlich auf sie, hat sich in einen Magnetismus der Straße verwandelt.

Hinauf auf den Hohberg

Nach anfänglich nur sporadischen Gängen nach draußen hielten mich am 20. Mai 2021, drei Wochen nach meiner Rück-

Die Alte Straße passiert den Hohberg südlich

Spaziergänger am westlichen Sattel des Hohbergs

kehr in meinen Herkunftsort, erstmals Licht und Motive fast vier Stunden in ihrem Bann. 141 Fotografien entstanden so mit Leichtigkeit, die über zehn Kilometer lange Wegstrecke war mir währenddessen gar nicht bewusst.

Zehn Tage und einige Spaziergänge danach gelangte ich erstmals auf die höchste Hügelebene. 280 Meter über dem Meeresspiegel liegt Bretnig im Tal. Draußen vor dem Ort treffen sich Wiesen und Felder, durchschnitten von Wegen und Terrassen. Die Alte Straße kreuzt diese Ordnung noch viel deutlicher als der Bach.

Bei 310 Metern über dem Meer, nur dreißig Höhenmeter über dem Ort, bin ich auf einem Plateau angelangt. Es ist geschafft, ich bin heraus aus dem Tal. Von hier kann ich es überblicken. Ich folge der Alten Straße; auf weiteren 500 Metern, nahezu ohne Anstieg, überspannt sie eine eigene Ebene mit Ausblick. Danach wird sie zu dem, was bis heute ihren Namen rechtfertigt, zu einem steinigen Weg mit eingefahrenen Wagenspuren. Mit der Zeit haben sie sich an einigen Stellen fast zu einem Hohlweg eingegraben. Umsäumt ist sie von majestätischen Pyramidenpappeln. Die Stämme einiger lassen sich auch zu zweit nicht umfassen. Es ist still hier oben, wundervoll still.

In der Schilderung dieses Plateauaufstiegs habe ich rechts des Weges etwas liegengelassen, eine von den Einheimischen Galgenberg genannte Erhebung, nur 319 Meter hoch, also neun Meter höher als das Plateau selbst, doch mit einem Rundumblick. Der Name war einst Programm, in Büchern kann man von einem Feldlager der Hatzinger Truppen zu Zeiten des Dreißigjährigen Krieges lesen. Es gibt keinen richtigen Weg hinauf, um ganz nach oben zu gelangen, lässt sich nur einem Feldsaum folgen. Dort angelangt findet sich ein Lesesteinhaufen und ein großer Brocken aus Granit, genauer gesagt ist er aus Zweiglimmergranodiorit. Umsäumt von wilden Himbeersträuchern thront er dort oben – nutzbar als Bank, eine Bank im Paradies.

Der Galgenberg ist ein Berg, der eigentlich kein Berg ist, da wir uns aus Sicht der landschaftlichen Ordnung noch nicht im Bergland befinden. Für einen Berg ist er zu klein, für einen Hügel schon zu massiv. Im Herbst, wenn die Felder den Blick auf den Boden freigeben, findet man hier mehr kantige als runde Lesesteine. Ein Granodioritfels liegt unter der gesamten Erhebung, er hat dem weitesten Eisvorstoß nach Süden weitestgehend Widerstand geleistet. Doch sicher wurde auch von ihm einiges abgehobelt, es lässt sich nur schwer ausmachen, wie viel höher es hier einmal gewesen sein mag. Man weiß, dass die Eisbedeckung an dieser Stelle 400 Meter über dem Meeresspiegel erreichte. Einige Meter wird der Vorläufer des Galgenbergs schon eingebüßt haben.

Es mag nicht sehr vorteilhaft klingen, ausgerechnet einen Galgenberg meinen neuen Hausberg zu nennen, aber er ist nun einmal die nächstgelegene Anhöhe. Und er hat alles, was man von einer Erhebung erwarten kann: eine Rundumsicht mit weiten Blicken und genügend Distanz zum hektischen Treiben im Tal. Ein Ort, von dem man mit einem angenehmeren Gefühl herunterkommt, als man hinaufgegangen ist. Als wäre man mit etwas Unsichtbarem beschenkt worden.

Folgt man der Alten Straße weiter, gerät man in ihren beschaulichen Teil. Im Schatten der Pappeln erblickt man zur Linken einen beachtlichen Einschnitt. Ich frage mich, wie diese besondere Form der Landschaft wohl entstanden sein mag. Einheimische Bauern erzählen mir, dass diese Stelle, vor allem vor der Melioration, also bevor die landwirtschaftlichen Produktionsgenossenschaften (LPG) ihre Flächen optimierten, durch die Grundwasserregulierung durchaus tückisch war. Ganz offenbar war hier der Boden oftmals nass und wenig tragend. Von einem tief eingesunkenen, nur schwer wieder herauszuziehenden Traktor ist die Rede.

Der Plateaucharakter des Weges verändert sich mehr und mehr hin zu einer kleinen Passstraße, die versucht, Höhe zu gewinnen. Nach einer kurzen Senke direkt hinter dem Galgenberg folgt Richtung Osten ein deutlich größeres Massiv, dessen Ende sich vom Plateau aus nicht überblicken lässt. Bevor der Weg weiter ansteigt, gibt es einen rechtwinkligen Abzweig. Es ist der lokale Grenzweg eines Bauerngrundstück. Noch im Schatten der Bäume folgt ein weiterer steiniger Anstieg. Nicht jede Pappel hat der Lage hier oben getrotzt, Sturmschäden sind allgegenwärtig.

Ich habe jetzt 339 Meter über Meereshöhe erreicht. Eine Bank steht gen Süden gerichtet. Doch die wahre Belohnung für die Ersteigung wartet mit dem Blick zurück gen Westen. Das Osterzgebirge mit über 900 Meter Höhe ist sichtbar, über 50 Kilometer sind mit den Augen zu durchdringen.

Die Alte Straße führt in ein Wäldchen und von nun an wieder bergab. Auf alten Karten wird sie auch als Räuberstra-

Weitblick Richtung Westen vom Hohberg aus

23

ße bezeichnet, auf der man zu einem Gasthof mit Biergarten gelangte. Als Wirtshaus Wilhelmshöhe ist er in alten Karten verzeichnet. Es lebte wohl vor allem davon, dass die Ortsansässigen, mangels Kirche im eigenen Dorf, über den Berg in den Nachbarort mussten und auf dem Rückweg für eine kühle Belohnung hier einkehrten. Schade, dass es den Gasthof nicht mehr gibt. Ich hätte einen Besuch auch ohne Kirchgang genossen.

Ich erreiche den Hohberg und bin überwältigt von dem Fernblick. Er ist ein wahrer Berg, auch wenn der Hohberg nicht im Bergland steht. Der wunderbare Weg hinauf hat mir Appetit gemacht, die Begehungen fortzusetzen. Er wird zu dem Berg, auf dem eine Idee geboren wurde: Hier gibt es in nah und fern kleine Hügel und stolze Berge von nahezu paradiesischer Fülle. Wie wäre es, alle Anhöhen, die ich von hier aus sehen kann, zu begehen und zu ersteigen? Eine Geschichte beginnt, über deren ersten zwei Jahre von 2021 bis 2023 ich hier berichte.

Marathonmann

Fast vier Wochen nach meiner ersten langen Tour beginne ich, den nächsten fernen Gipfel anzusteuern. Um zehn Uhr starte ich, zehn Stunden Wanderung werden es noch an diesem Tag. Sechs Kilometer Luftlinie schaffe ich, 28 Kilometer Weg brauche ich dafür. Zwölf Kilometer Luftlinie sollen es drei Wochen später, am 20. Juli sein. Dieses Mal komme ich schon um neun Uhr aus dem Haus. 35 Kilometer Weg sind es nach über elf Stunden. Ein neuer Rekord, 60 Tage nachdem ich das Laufen für mich entdeckt habe. Diese 35 Kilometer erscheinen mir in den nächsten Wochen als unüberwindliche Grenze, selbst wenn ich meine Touren schon um sechs Uhr beginne. Schwer zu sagen, woran es also liegt, dass ich nicht über diese Grenze hinauskomme. Natürlich gibt es in jeder Himmelsrichtung auch so viele fotografische Motive abzulichten, dass ich vielleicht dadurch nicht weiter in die Ferne komme.

Schließlich ist es mein Trick, auf meine morgendlichen Informationsroutinen zu verzichten, um noch früher aus dem Haus zu kommen. Es gelingt am 25. August, ich starte um fünf Uhr. Als ich nach fast 15 Stunden wieder nach Hause komme, habe ich 47,6 Kilometer in den Beinen, 17,6 Kilometer Luftlinie sind überbrückt. So fühlt es sich also an, das antike Ritual: Ich bin meinen ersten Marathon gegangen. Eine persönliche Grenze ist durchbrochen. Die Wiederholung gelingt bereits nach einer Woche. Sieben Marathonstrecken in 44 Tagen folgen, mit 48,5 Kilometern im Maximum. Mit dieser Entfernung scheint eine neuerliche Belastungsgrenze erreicht. Auch bin ich bereits zu vielen der nahen Hügel gewandert.

Doch es gibt noch einen Gipfel, eine unübersehbar breite Wand am fernen Horizont, den Unger, wie er landläufig genannt wird. Was ist wohl dahinter? Die Motivation, den Ausblick von dort aus zu haben, ist besonders groß, und auch die Jahreszeit ist auf meiner Seite. Es ist der 10. Oktober 2021. Um 4.44 Uhr gehe ich aus dem Haus. Erst um 15 Uhr komme ich an und kann der Gelegenheit nicht widerstehen, dort noch eine leckere Mahlzeit einzunehmen. Das Licht ist grandios und ebenso das Gefühl, in solch weite Ferne vorgestoßen zu sein. Auf dem mir ewig erscheinenden Rückweg wird mir jeder Stein unter den Schuhen zu viel. Die Füße haben eine Empfindlichkeit, als wäre ich barfuß unterwegs.

Diese Strecke ist mein erster persönlicher Ultramarathon. Es sind sage und schreibe 60 Kilometer übertroffen, 20 Kilometer Luftlinie also. Danach benötige ich Erholung und Pause. Doch dann, am 11. November, gehe ich noch einmal 100 Meter mehr: 61,2 Kilometer mit 21,2 Kilometern Luftlinie wird der Rekord des ersten Jahres.

Immer wieder kommen mir neue Ideen, nachdem ich Vertrauen in meine eigene Leichtfüßigkeit und Leistungsmöglichkeit gewonnen habe. Immer wieder wechsle ich die Himmelsrichtungen, um mir ein Höchstmaß an Spannung zu erhalten.

Die neue Saison startet im Frühjahr 2022 mit dem nächsten Marathon. Der 13. Gang über diese Marke gelingt am 24. Februar. Die Märzenbecherwiesen im Polenztal sind die Verlockung zu dieser 46-Kilometer-Tour. Die Buschwindröschen im Lasker Auenwald erfordern einen weiteren weiten Angang. Andere Ziele folgen, die sternförmige Begehung der sichtbaren Gipfel beschäftigt mich einige weitere Monate im Jahr 2022. Den Streckenrekord aus dem alten Jahr überwinde ich am 19. Mai: 62,4 Kilometer werden es diesmal, die 25 Kilometer Luftlinie überbrücken. Dass die Tour geschlagene 18 Stunden dauert, ist eine neue Dimension. Die Entfernung in der Luftlinie ist bis heute nicht von mir übertroffen worden – meine Tagestouren haben damit eine Grenze erreicht.

Die blanken Zahlen nach 500 Tagen Wanderschaft: 234-mal bin ich losgegangen, davon waren 53 Strecken länger als 10 Kilometer. 38 Halbmarathons. 11 Marathons. 10-mal über 50 Kilometer. Die persönliche Tagesstreckengrenze liegt seit dem 2. Juni 2022 bei 64,5 Kilometern, was über 92.000 Schritte sind. Natürlich kann ich mich beim Ermitteln und Aufschreiben dieser Zahlen eines zufriedenen Grinsens nicht erwehren. Ich bin ein Marathonmann geworden ...

Erstaunlich erscheint mir, dass ich eine Art neue Bestimmung zu finden scheine. Ausdauer fällt mir gar nicht so schwer, ganz im Gegenteil. Das Marathongefühl ist mitnichten ein rein körperliches Ringen. Es hat auch damit zu tun, den freien Geist so einzufangen, dass man an nichts anderes mehr denkt, als auf dem Weg zu bleiben und das Ziel zu erreichen. In dieser Meditation liegt wohl auch ein Grund für das enorme Glücksgefühl danach. Bei aller Euphorie während eines Fastmarathons, Marathons oder Ultramarathons oder während der Zeit kurz danach: Den nächsten Tag benötigt man, um seine Knochen wieder zusammenzusetzen.

Der 17. Oktober 2022 ist ein besonderer Tag. Mit dem Oberem Steinberg in Arnsdorf, der sich hier auf 285,5 Meter heraushebt, habe ich nach 506 Tagen alle 94 mir namentlich bekannten Erhebungen des heimatlichen Hügellandes einmal bestiegen. Warum gerade dieser als Letzter übrig blieb, hat eine kleine Geschichte. Der Niedere Steinberg mit einer Höhe von 280 Metern lag schon einmal auf meiner Tour, nur wenige Hundert Meter fehlten zu dem Oberen. Jedoch war ich während der Maisernte nach oben gelaufen. Der andere Gipfel

Hügel scheinen sich hochzuschaukeln – Gottlöbers Höhe, Lauterbach bei Stolpen

stand noch im Mais, und ich hatte Bedenken, dass die Ernte-maschinen jeden Moment auftauchen konnten. Aber nun ist es vollbracht: Das Nordwestlausitzer Hügelland ist das erste, dessen Erhebungen ich komplett abgelaufen bin. Der unbe-waldete, unscheinbare Obere Steinberg ist als Abschluss gut gewählt, ist er doch der erste Hügel der Landschaftseinheit, der einen begrüßt, wenn man mit der Bahn aus der Ferne, aus Richtung Dresden kommt.

Die gegangene Gesamtstrecke liegt mittlerweile bei 3919 Kilometer. Die Entfernung zu Fuß von hier nach Santiago de Compostela hätte ich bereits am 24. März 2022 erreicht. Die gegangene Strecke taugt auch für andere Pilgerideen: Jerusa-lem ist laut Google auf 3446 Kilometer Weg von Bretnig aus zu erreichen. Meine gegangene Strecke dorthin ausgerichtet, wäre ich am 28. Juli dort gewesen. Wenig später habe ich einmal die Höhenmeter errechnet: Insgesamt waren es 50 Höhenkilometer hinauf und natürlich auch wieder hinunter.

Etwas sagt mir, dass ich die Unruhe und Neugier, die mich hinaus und zur Erkundung dieser Gegend antreibt, später als Ruhe, Kenntnis und Heimischwerden zurückerhalten werde.

Auf alten Wellen gehen

Ein bisschen Steilheit tut jedem Hügel gut. Eine gewisse He-rausforderung muss es schon geben, um oben das Gefühl zu bekommen, eine Anhöhe bestiegen zu haben, auch wenn der Hügel kein Berg ist.

Führt ein Weg hinauf oder befindet sich der Hügel auf freier Flur? Wenn es sogar ein offizieller Wanderweg ist, Erhebung und verbliebene Zeit oder Kilometer ausgeschrieben sind, dann bekommt man oben das Gefühl, eine Aufgabe abgearbeitet zu haben, die einem von anderen Menschen gestellt wurde und die schon viele Mitmenschen zuvor bewältigt haben. Auf solchen Hügeln schwingt eine Verbundenheit zu einer uralten Wandertradition mit.

Oben auf dem Hügel kann man ganz unterschiedliche Stimmungen vorfinden. Führt eine Autostraße direkt über den Gipfel, ist die Hügelatmosphäre sehr vom Verkehrsaufkommen bestimmt. Besser wird es schon, wenn man einen alten Fuhrweg erwischt hat, der direkt über den Gipfel führt. Dieser erzählt vielleicht leise Geschichten, von Pferden und rollenden Wagenrädern.

Etwas vergessen wirken die Hügel, auf die kein Weg hinaufführt. Als hätten unsere Vorfahren dieses Stück Land nur zum Bewirtschaften genutzt, den besonderen Platz da oben aber nicht gewürdigt. Für mich persönlich spielt der Anstieg selbst ebenso eine Rolle dabei. Für mich ist es ein Glück, wenn ich dafür eine junge, frische Wiese erwische, dann läuft es sich wie auf einem Teppich hinauf. Wird das Gras höher, wächst der Widerstand, ist es zudem noch feucht, möchte ich eigentlich nicht hindurch und damit auch nicht hinauf. Bei Feldern muss man jahreszeitlich den richtigen Moment abpassen, die Zuwegung kann nach Fruchtstand sehr erschwert sein. Doch sind diese Hügel zuweilen angenehm zu besteigen, sie sind in der Regel nicht die mit den steilsten Angängen.

Oben angekommen, entschädigt der Ausblick. Nimmt man die Aussicht als Kriterium, so kann man unterscheiden zwischen solchen Hügeln, die eingebettet in der Landschaft liegen, und solchen schon an den Rändern des Hügellands gelegenen, die dann in eine oder mehrere Himmelsrichtungen besonders weite Ausblicke bieten. Je weiter der Blick, desto atemberaubender.

Darüber hinaus gibt es in jedem Hügelland einen König der Hügel. Der Kapellenberg in Schmiedefeld fällt mir da ein, mit 323,1 Metern die zweithöchste Erhebung der Sandlössplateaus an der Wesenitz und von Bretnig aus gut erreichbar. Die Stimmung verändert sich auf diesen hohen Hügeln. Einen Rundumblick zu haben ist nun einmal eine Erhabenheit. Und man selbst ist das Zentrum dieses Blickes.

Neben der Höhe bieten freie oder geschützte Lagen ein weiteres Kriterium. Befindet sich dort oben kein Baum, kein Strauch und keinerlei Geländemarkierung, ergibt sich erst der wirkliche freie Blick.

Eine Sonderstellung zur Orientierung nehmen die Hügel mit Mütze ein. Das sind solche Erhebungen, auf denen ein Waldstück thront. Manchmal heißen sie Tanne-, Tannen- oder Tännchenberg. Heute hat das eine ästhetische Komponente, früher einen nützlichen Grund. Manchmal wurden die Lesesteinhaufen an einer Stelle zusammengesammelt, während die restliche Fläche landwirtschaftlich genutzt wurde. Dann haben sich oft ein paar Bäume drum herum angesiedelt, die sicher auch etwas Schatten spendeten bei Pausen in Zeiten schwerer körperlicher Feldarbeit.

Die Lesesteinhaufen sind manchmal auch ein Wink, hier kann man an einen ganz besonderen Ort geraten sein, an dem sich vielleicht frühgeschichtliche Hügelgräber befinden. Mit ein bisschen Kenntnis und Erfahrung, gut bei Sinnen, wird man auch ohne eine Beschilderung merken, ob es sich um solch einen archaischen Ort handelt. Viele Schilder lenken mit ihrer Einladung zum Lesen vom Schauen ab. Für mich zählt erste Eindruck, nicht der Gang zur Infotafel.

Sehr willkommen ist mir indes eine Sitzgelegenheit. Ein Stamm, ein Stein oder eine liebevoll hergerichtete Bank. Immer wieder erlebe ich angenehme Überraschungen, welch gepflegte Plätze einen dort oben erwarten.

Im Gegenteil dazu gibt es Hügel, denen man schon von weiter Ferne ansieht, dass es ungemütlich werden wird. Ich taufe sie moderne Energiehügel. Solche, auf denen Windräder stehen oder über die Hochspannungsleitungen führen oder sogar beides. Tatsächlich fühlt man sich darunter besonders klein und nicht gerade wohl. Ich habe versucht, auch auf solchen Hügeln ein Picknick zu machen, doch hat man dabei diese unvorstellbare Kraft direkt über sich, und dazu das beständige Geräusch.

Windstille hilft, doch wehe, das kleinste Lüftchen kommt auf. Bevor die großen Räder drehen, versucht sich erst einmal die Gondel in optimale Position zu bringen. Dann lässt einen das plötzliche Surren der Elektromotoren aus der Stille schrecken. Gibt es keine eindeutige Windrichtung, fährt das Windrad zudem erst einmal Karussell, ohne dass sich die Flügel selbst drehen.

Natürlich spielt es eine große Rolle, was man in der Nähe und der Ferne sieht. Blickt man auf eine Ortschaft hinab, hat das etwas Vertrautes, Anheimelndes. Finden sich zudem in den Fluren einzelne Bäume, die ins Auge fallen, kann das ein sehr ästhetisches Bild komponieren. Ein ästhetischer Effekt entsteht auch durch die Welligkeit der Nachbarhügel. Ackerfurchen sind das beste Kontrastmittel zum Erkennen der Formen und Verläufe. Diese werden verstärkt, wenn man sie morgens oder abends beobachtet, bei steilem Lichtwinkel.

Oft freue ich mich über die Dellen in den Feldern, die das Hügelland optisch spannender machen und die Wellennatur der Entstehung veranschaulichen. Die Landschaften hier müssen früher deutlich welliger ausgesehen haben. Der kulturelle Eingriff beschränkte sich mitnichten darauf, Urwald abzuholzen und über Generationen die Steine von den Feldern zu lesen. Insbesondere seitdem es die technischen Möglichkeiten zulassen, wurde eine Vergrößerung der Felder angestrebt, kleine Dellen und Muldentälchen wurden im Rahmen umfangreicher Meliorationsprogramme seit den 1960er Jahren dräniert. So stellt die Welligkeit von heute wohl nur einen Rest von damals dar. In den erhaltenen Waldgebieten sieht man am ehesten die frühere Kleinwelligkeit.

Am Ufer der Zeitgeschichte

Die Landschaft zeigt sich von den Hügeln in mehrwelligen Gruppen, als wären hier die Wellen des Eismeeres für immer stehen geblieben. Da sich hier die eiszeitlichen Wellen an einem vorgelagerten Sporn der Mittelgebirgsschwelle brachen, haben wir es mit reichlich Kreuzsee zu tun. Die Wellenrichtungen und die Längen wechseln mit den Hindernissen, die vor oder unter ihnen lagen. Kuppe oder Rücken sollte die Frage lauten, wenn es um Erhebungen geht. Das erste Wort steht für die kurzwelligen, das zweite für die langwelligen. Kuppen und Rücken gibt es in allen Größen und auch in Zwischen- und Sonderformen. Kleine Erhebungen werden oft auch als Kleinkuppen bezeichnet, etwas höher hinaus ist selten von Hügelkuppen die Rede. Für beide Varianten gibt es besondere Worte, wenn es um Formvollendung geht. Der Kegelberg scheint solch eine ideale Kuppe zu sein. Beim Rücken spricht man von Riedeln, wenn sie nach beiden breiten Seiten wie auch den schmalen ebenmäßig abfallen. Von Hügelland lässt sich dann sprechen, wenn die passenden Erhebungen in gehäufter Anzahl auftauchen.

Hübel, Hügel, Kuppe, Anhöhe, es gibt erstaunlich viele Namen für die Erhebungen. Im durchaus sachkundigen Wikipedia-Artikel findet sich sowohl die Anmerkung, dass es keine allgemeingültige Definition für den Begriff Hügel gibt, dass er höchstens 200 Meter aus der Umgebung ragt und 610 Meter Meereshöhe nicht übersteigt. Ich würde die Zahl deutlich niedriger ansetzen, für mein Empfinden tritt die Charakteristik eines Hügels bereits bei niedrigen Erhebungen auf. Die Grenze liegt für mich bereits nahe 100 Meter Höhenunterschied. Die Hügel, die hier gemeinhin zumeist als Berg bezeichnet werden, ragen nur selten so hoch hinaus. Viele Berge des an-

Bodenwellen bei Niedersteina mit Blick zum Keulenberg

36

37

Kreuzsee im Hügelland – Südwestlausitzer Riedeland bei Stürza

39

Wellen und Dellen – Blick zum Rammersberg von Norden aus

grenzenden Berglandes übertreffen die Höhe nur knapp. Eine markante Aussicht, abhängig davon, ob es das Umland zulässt, wird schon ab 80 Metern imposant und übersteigt ab 100 Metern bereits die Vorstellungskraft eines flüchtigen Blickes.

Ich füge hier eine Anregung ein: Je nach Höhe sollte man viele Minuten, zuweilen auch ein, zwei Stunden oben verbringen, um alle Dimensionen auch ganz zu erfassen. Man sollte eine Mahlzeit zu sich nehmen, und, je nachdem wie einen die Natur empfängt und andere Menschen einen in Ruhe lassen, viel Zeit dort verbringen. Auf die Art vergeht eine Stunde dort oben sehr schnell – wie im Flug, könnte man sagen, viel schöner ist: wie auf einem Hügel. Wer das erlebt hat, wird wissen, was ich meine. Und er oder sie wird auch wissen, dass man den Hügel später mit ins Tal nimmt. Mir reicht heute manchmal im Alltag des Tales nur ein flüchtiger Blick auf einen Hügel am Horizont als Impuls und Erinnerung, um mich an das Gefühl oben zu erinnern. Dann weitet sich für einen Moment die Stimmung auch unten im Tal.

Der Deutsche Wortatlas kennt über 50 verschiede Namen für Hügel in verschiedenen Dialekten, von Brink, Buckel, Bühel oder Gupf bis hin zu Hövel, Hübel, Kogel, Köppel, Nock oder Mugl. Der Ursprung für Hügel soll im Mittelhochdeutschen zu suchen sein, was wiederum zum Germanischen Hug führt. Nur die Begriffe Kuppe und Kulm sind mit Wurzeln im Lateinischen oder Urslawischen noch älteren Ursprunges.

Hügel scheinen so etwas wie die am meisten unterschätzten Erhebungen zu sein. So war es sowohl früher als auch heute. Erst wenn eine Erhebung als Berg wahrgenommen wurde, bekam er einen entsprechenden Namen. So findet man heute, bei den Erhebungen, die nach wissenschaftlichen Kriterien aufgrund ihres Höhenunterschiedes zur Umgebung als Hügel klassifiziert werden, zumeist die Bezeichnung als Berg. Die meisten Galgenberge, Hutberge, Butterberge oder Steinberge sind im Grunde genommen Hügel.

Eine erste, oberflächliche Einteilung ergibt sich mir wie folgt: Es gibt offene und verdeckte Hügellandschaften, die durch Gruppierung von Wiesen-, Feld-, Heide- oder Waldhügeln entstehen.

Das Hügelland tritt zwischen Flachland und Bergland unscheinbar hervor, nicht selten sind die Übergänge zu den anderen Landschaftsformen fließend. Das Hügelland ist eine unterschätzte Landschaft. Aber was man dort erleben kann, die sanften Wellen vor Augen, ein noch so kleiner Weitblick, macht es zu dem angenehmsten, was die Natur hierzulande zu bieten hat. Das Hügelland ist die Landschaft der leisen Sensationen, von den tagtäglich sichtbaren Sonnenauf- und -untergängen ganz zu schweigen.

Die wellige Landschaft lässt sich wie eine Symphonie erfahren, wie ein in die Landschaft geschriebenes Musikstück, dessen Wellen begehbar sind.

Das Ziel meiner Unternehmung im Hügelland wird langsam klarer. Meine Begehungen sind ein intensives, persönliches Ankommen in der alten Heimat, um bald unbeschwert über die neu vertrauten Höhen wandeln zu können, und dabei nicht nur das Land, sondern auch die Leute wieder und neu kennenzulernen.

Die Vergangenheit
der Hügel

Ein Hügel von heute hatte es in der Vergangenheit nicht leicht. In drei Epochen mussten einige von ihnen unvorstellbare Eislasten ertragen. Doch weniger das Gewicht als vielmehr die Reibung und der mehrfache Wechsel zwischen kalt und warm haben jede dieser Erhebungen mehrere Höhenmeter gekostet. Am schwersten hatten es wohl die, die am weitesten im Norden herausragen, dort waren die Eislast und die Macht des Geschiebes naturgemäß größer als unter dem sich nach Süden abflachenden Gletscher. Mit etwas geübterem Blick kann man vielleicht erkennen, ob ein Hügel von einer, zwei oder drei Eiszeiten übergangen wurde. Alle Hügel hier mussten den ersten und größten Gletscher der Elsterkaltzeit über sich ergehen lassen. Die zweite Elsterkaltzeit brachte nur über einige der hiesigen Gipfel nochmals Eis, die anderen waren währenddessen eisrandnahem, rauem Tundrenklima ausgesetzt. Zwischen einer Berglandzunge in die Norddeutsche Tiefebene und der Mittelgebirgsschwelle hat sich im ersten und am weitesten südlich ausgreifenden Eiszeitalter eine außerordentlich vielschichtige Landschaft im Rahmen des Lössgürtels gebildet. Der Berglandzunge sind nach Norden, Osten und Westen Hügelländer vorgelagert. Nach Süden findet sich ein sehr hoch gelegenes Hügelland eingekeilt zwischen Nordwestlausitzer Bergland, Lausitzer Bergland und Elbsandsteingebirge. Mit dem Nordwestlausitzer Bergland beginnt der in östliche Richtung weiterführende Sudetenbogen, dessen Entwicklung vor 400 Millionen Jahren einsetzte und über 150 Millionen Jahre währte. Mit Elbsandsteingebirge und Osterzgebirge beginnt in westlicher Richtung eine um 150 Millionen Jahre jüngere Gebirgslandschaft. Mit noch älteren Geschieben aus dem Norden verschmolz hier Material dreier Epochen in einer vierten, erdgeschichtlich jungen und sehr kurzen Zeit. Hier strandete das Eis aus dem Norden an einer Barriere nach Süden. Die hohe Eisrandlage schafft bis heute besondere klimatische Eigenarten.

Hügelländer sind in der Erdgeschichte verschmolzene Landschaften. Schneidet ein Bergland oder ein Gebirgszug von Süd nach Nord in das Norddeutsche Tiefland hinein, wie das Westlausitzer Bergland, so ergeben sich oft vorgelagerte Hügelländer, als flachwellige Plateaus durch die Lösslagerungen während der nordischen Gletschervorstöße. Durch den Bergzug getrennt gibt es dann eine den Ostwinden und dem Sonnenaufgang zugeneigte Hügellandschaft und eine den Westwinden und dem Sonnenuntergang ausgerichtete. Der maßgebliche Faktor der Entstehung der Lösslandschaften sind die Winde, die das lose Material vor den bestehenden Bergkuppen abgelagert haben. Es ist heute bekannt, dass in den Gletscherrandgebieten mit Kaltluft gefüllte Hochdruckgebiete das Wetter bestimmten. Mit ihnen einher gingen Ostwinde von einer Mächtigkeit und Kontinuität, wie man sie sich heute nur schwer vorzustellen vermag. Das Resultat ist, dass an den Bergen von Osten mehr Löss angelagert wurde. Dem folgend verwundert es nicht, dass weiter westlich der nordöstliche Landstrich, die Lommatzscher Pflege, für seine Bodenfrucht-

Kleines eiszeitliches Blockmeer am Lösigberg, Langebrück (Radeberger Hügelland)

barkeit außerordentlich bekannt werden konnte. Das Erzgebirge hat eine andere Mächtigkeit als das Westlausitzer Hügel- und Bergland und führte so zu den starken Anlagerungen.

In den Hügelländern zwischen Norddeutschem Tiefland und der Mittelgebirgsschwelle befindet man sich zwischen extremen Zeitspannen der Erdgeschichte. Die jungen Eiszeiten aus dem Norden sind hier an den alten kontinentalen Platten gestrandet. So finden sich Landschaftsformen, wenige Zehntausend Jahre jung, auf der gefalteten Platte des Urmeeres aus dem Ordovizium, dessen Geschichte bis zu einer Milliarde Jahre zurückreicht. Das Bemerkenswerte, fast Unfassbare liegt darin, dass man heute binnen einer Stunde zu Fuß eine Zeitreise über diese Zeitspannen gehen kann. Finden sich am Kamenzer Hutberg noch Aufwölbungen der ältesten Grauwacke, lassen sich in Brauna nur wenige Kilometer entfernt vergleichsweise junge, eiszeitliche Hügel entdecken. Das i-Tüpfelchen ist, dass sich zudem ziemlich genau an diesem Übergang bronzezeitliche Hügelgräber befinden. Als hätten unsere Vorfahren die Besonderheit dieses Landstriches schon damals zu würdigen gewusst.

Wellige Hügel muten an, als hätte sich das Meer in die Erde geschrieben. Als wäre die Flüchtigkeit des Ozeans für ewig festgeschrieben. Allerdings nur für unser aktuelles, menschliches Zeitempfinden. Denn in Wahrheit befinden wir uns weiter im Wogen und Tosen dieser Meere, nur in vollkommen anderen, längeren zeitlichen Dimensionen. Hügelländer wurden vor Tausenden von Jahren von der Last des Eises massiv heruntergedrückt und erheben sich zum Ausgleich noch heute.

Die hiesigen nördlichen Hügellander, unmittelbar an der Kante zur Tiefebene, hatten und haben es schwer. Ihre ehemaligen Berge und hohen Erhebungen sind der vollen Wucht der Gletscher erlegen. Völlig deformiert sind sie heute teilweise nur ganz dezent als Erhebung wahrnehmbar. Wo vielleicht einst stolze Berge standen, blieben flache Wellen übrig. Stark abgeflachte Erhebungen deuten auf Granit und Granodiorit hin, wird es spitzer und steiler, steigt die Wahrscheinlichkeit, dass Grauwacke darunterliegt. Das hat einen einfachen Grund. Während die Spalten zwischen den einzelnen Kristallen bei den Graniten den Eis- und Warmzeiten reichlich Angriffsfläche zur Verwitterung boten, erwiesen sich die runden, verhärteten »Sandkörner« der Grauwacke als außerordentlich zäh. Nur selten findet man Gletscherschliffe an Grauwackeklippen, an den Graniten dagegen kommen sie häufiger vor.

Beherrscht im norddeutschen Flachland scheinbar nur der Himmel die Szenerie, erinnern uns die ersten südlicheren Erhebungen an Bewegungen aus längst vergangenen Zeiten. Kommt man von Norden auf das Hügelland zu, ist es diejenige Landschaftsform, wo die Erde deutlich beginnt, Geschichten zu erzählen. Wer Landschaft lesen kann, dem liegt sie wie ein offenes Buch zu Füßen. Je mehr Gänge in die Landschaft man sich gönnt, desto mehr kann man Eintritt in eine Geschichte erhalten, die von Bewegungen über Jahrtausende oder gar über Millionen von Jahren spricht. Man bekommt Einblick in eine Komposition, die ihre Form erhielt, lange bevor wir selbst Hand an unseren Planeten legten.

Lässt sich die Herausbildung der Urkontinente mit deren Grundgebirge vereinfacht als erster Akt der Landentwicklung verstehen, stellt deren Drift, das Auseinandertreiben und wieder Zusammenprallen, die zweite große Episode dar. Wir befinden uns nach wie vor mittendrin in Drift und Aufeinandertreffen, doch passiert dies für unsere Augen, für unsere gesamte Zeitvorstellung, zu langsam. Erdgeschichtliche Bewegung ist das eine, Wasser und wie sich seine Lebensformen den Boden aneignen das andere. Eis und Wind gaben und geben unserer Landschaft die Prägung.

Im Wechsel zwischen Warm- und Kaltzeiten, zwischen Meeren und Küsten, entstand aus der festen Kruste reichlich Lockermaterial. Mit der Verwitterung, der Zerstörung einer alten Struktur ging gleichzeitig die Formung einer neuen einher. In den Warmzeiten zwischen den Vergletscherungen gelang es mithilfe der Vegetation, Felsen Schicht für Schicht zu verwittern. Als danach das Schmelzwasser abfloss, entwickelten sich Rinnen und Täler mit großer Wucht und hinterließen ganz nebenbei am Rand das ein oder andere Hügelland. Hügelländer werden sowohl vom felsigen Untergrund als auch vom Fließrhythmus des Wassers bestimmt.

Vom materiellen Gesichtspunkt aus entstanden die Hügelländer wohl aus drei zentralen Komponenten: aus verwittertem Lokalgestein, manchmal nur wenige Meter in Bewegung. Aus weitgereistem Geröll mit fast tausend Kilometer auf dem Streckenmesser. Und aus extrem feinkörnigem Löss. Letzter stammt aus beiden Welten, dem Lokalgestein wie auch dem Geröll, und wurde seinerseits kilometerweit transportiert. Diese drei Komponenten finden sich in jedem der Hügelländer über oder vor dem Festlandsfelssockel in Nordeuropa, welche das Eis nicht nur von Norden, sondern auch von den Hochgebirgen aus überströmt hat.

Es scheint eine Besonderheit meiner alten neuen Heimat zu sein, dass sie in einem Landstrich liegt, der dem ältesten nördlichen und am weitesten nach Süden vorgedrungenen Eisschild erheblichen und erfolgreichen Widerstand leistete. Auf einer Karte der eiszeitlichen Grenzen ist mein Standort in Bretnig leicht zu finden, nämlich am steilsten Zacken in der südlichen Eisrandlinie. Die Bodenwellen von heute scheinen zu verraten, wo die Wellen des Eismeeres von damals endeten. Zungenartig müssen die Gletscher von damals hier angekommen sein. Barrieren und Lücken finden sich auf engstem Raum. Es ist eine spezielle und fast schon irritierende Vorstellung, dass der Gletscher hier seine Grenze fand, vom Nordpol aus, der 4323 Kilometer entfernt liegt. Genau genommen lebe ich geschützt hinter Felsen, in dieser Brandung des Eismeeres.

Nicht nur die Formen der Landschaften erzählen von dem Vorrücken und der Ausbremsung der Gletscher, auch in der obersten Schicht am Boden kann man erkennen, was welchen Eistransport hinter sich hat. Abzulesen ist dies auf einer Skala von spitz bis rund. Aus Abrundungsgrad und Oberflächenschliff lässt sich die Länge des Transportgrades erahnen. Und neben dem groben Material ist auch der Anteil an feinem Material einen Blick wert. Je kleiner das Material, desto mehr kann der Wind die Oberhand gewinnen und neuerlichen Transport

Von zwei Eiszeiten überfahren – Großens Berg, Lauterbach bei Stolpen

53

bewirken. An Treibsand, schluffigem Treibsand, Sandlöss und Lösslehm lässt sich die Strecke des Transportweges ablesen.

Der heutige Lössgürtel ist einer der fruchtbarsten Landstriche unserer Breiten und die Grundlage dafür, dass der Mensch aus dem wohl einstmals ausnahmslos bewaldeten ein offenes Hügelland schuf.

Was sich heute an der Oberfläche harmonisch zusammenfügt, verbirgt darunter die schon genannten gigantischen Zeithorizonte der Materialien. Allein der kurze Gang auf den Hohberg, südlich hinaus von Bretnig, führt über zwei unterschiedliche Gletschervorstöße. Und damit hinweg über den vor 80.000 Jahre geformten Anstieg auf den Berg, der selbst aus vor 450 Millionen Jahren gebildetem Gestein besteht, das als umgewandelte Meeresablagerung im Grunde noch einmal doppelt so alt ist. Mein Gang auf die Hügel geschieht über Epochen, auf Überlagerungen und in Aktualisierungen der Erdgeschichte. Mit einer Zukunft weiterer und nicht endender Veränderung. Ist das etwas, das man beim Gehen des Anstiegs wahrnimmt oder gar empfindet? Ich denke, Wissen und Wahrnehmung ergänzen sich zu einem Raumbewusstsein, oder anders gesagt, zu einem Erleben und tiefen Verständnis der Landschaft. Vielleicht bildet sich dabei auch Identität, für mich eine neue alte Identität. Genau wie die Landschaft selbst über eine alte, eine sehr alte, eine gegenwärtige und auch eine zukünftige Identität verfügt.

Wiedergeburt einer
alten Leidenschaft

»Vielseitig interessiert«, hieß es früher in meinen schulischen Beurteilungen. Ein starkes Interesse an detailliertem und besonderem Wissen würde ich es nennen. Ich war ein junger, wissbegieriger Forscher. Das führte mich zum Beispiel von stachligen Pflanzen wie Kakteen und Nadelbäumen, die ich sogar selbst großzog, zu spitzen Steinen. Für Minerale und Kristalle konnte ich mich damals sehr begeistern. Heute reizt es mich nur noch wenig, direkt zu mineralogischen Fundpunkten zu gelangen, die man mit hoher Sachkenntnis und Equipment gezielt ansteuern muss. Kein einziger der mir noch erinnerlichen Fundpunkte ist von Bretnig aus im Tagesmarsch erreichbar. Geblieben aber ist mein Blick für die mineralogischen Bestandteile. Wenn bei meinen Begehungen, wie in Radeberg auf dem Silberberg, etwas Besonderes zu finden ist, wenn ein Hauch von Eisen oder sogar Kupfer einen besonderen Stein entstehen ließ und ich ihn auch wahrnehme, freue ich mich in Erinnerung der alten Zeiten.

Das mineralogische i-Tüpfelchen, das das Hügel- und Bergland hier zu bieten hat, sind die Quarzgänge. Ich hoffe, darin einmal eine Druse mit einem kleinen Bergkristall zu finden Die beste Zeit, um sie zu entdecken, ist im Frühjahr, wenn die Lesesteine gut sichtbar auf den Feldern liegen. Dieses Jahr ist es mir gelungen, die nächstgelegene Quarzader genauer zu lokalisieren. Ein exemplarisch schönes Gangstück davon habe ich abends, ich hatte mir es mir für den Rückweg schon zurechtgelegt, unterm Arm geklemmt nach Hause getragen. Obwohl das kleine Gesteinsstück kiloschwer ist, sind dennoch nur millimetergroße Kristalle darin auszumachen. Malt man sich die volle Breite der Spalte aus, in welcher der Quarz über eine lange Zeit der Erdgeschichte hineinwuchs, vermittelt dies mir wieder ein Bild der vormaligen Landschaft.

Ist man den Steinen einmal verfallen, kommt man im Leben nie wieder ganz davon los, wohl wie mit allen Dingen, die man leidenschaftlich tut. Gelegentlich nehme ich noch heute einen kleinen Stein von meinen Wanderungen mit nach Hause, eher aus Sentimentalität und nicht, weil es sich um ein besonderes Mineral handelt. Die Formen der Landschaft an der Oberfläche entschädigen hier für das eher wenig besondere, mineralogisch Darunterliegende.

Hierzulande ist das Unscheinbare etwas Besonderes und Beachtenswertes. Die für uns relevante Erdgeschichte beginnt vor 600 Millionen bis einer Milliarde Jahre, als sich in einem Meer gigantische Mengen kleinkörnigen Materials am Boden ablagerten. Durch Zusammenpressen entstand ein Ablagerungs- und Sedimentgestein, das man Grauwacke taufte. Der Name könnte das Aussehen nicht besser beschreiben. Aus mineralogischer Sicht ist dies eines der langweiligsten Gesteine überhaupt. Dabei enthält es aber Spuren, die für unser Leben heute immens wichtig sind. Diese aber sind nur unter dem Mikroskop sichtbar, für Schaukästen bleiben sie völlig unspektakulär. Es hat auch nach meiner Rückkehr nach Bretnig Wochen gedauert, bevor ich mir ein Stück genauer angeschaut und sogar mit nach Hause genommen habe.

Heute freue ich mich über diese Wackersteine, weil ich, wenn ich sie sehe, weiß, dass ich auf einer uralten Scholle bin. Der grobe Klumpen Grauwacke, den ich aufgesammelt habe, ist mit diesem Wissen deutlich interessanter und auch ansehnlicher geworden. Genaues Betrachten vermag vieles in Gang zu setzen. Diese Schicht war bis zu einem Kilometer mächtig, wurde zusammengefaltet und aufgeschmolzen. Wie auf einem großen Herd drang von unten noch zusätzliche Würze in die Masse ein und machte daraus ein neues Gericht. Hell und Dunkel wechseln sich in Korngrößen ab, zusammen ergeben sie ein kontrastreiches Gestein. Noch dazu glitzert es.

Der Zweiglimmergranodiorit ist feinkörnig und enthält neben den häufigsten Bestandteilen der Erdkruste, Quarz und Feldspat, noch weitere. Neben zwei Feldspäten kommen auch zwei Glimmerminerale vor. Kali- und Kalknatronfeldspat, dunkler und heller Glimmer. Plagioklas und Orthoklas, Biotit und Muskovit finden sich neben dem Quarz. Manchmal hat die Masse einen Rotstich. Das bedeutet, sie enthält auch Eisen. Damit werden uns schon sechs Komponenten präsentiert. Diese Masse kann im Rhythmus variieren und dazu auch einige der alten Klumpen Grauwacke enthalten, die dem Köcheln von unten erfolgreich widerstanden haben.

Vor 300 Millionen Jahren wurde erneut angerichtet. »Ich habe da schon mal etwas vorbereitet«, hörte ich einmal einen Fernsehkoch sagen. Das trifft auch auf die Masse zu, die damals von unten nach oben gelangte. Bereits auskristallisiert fallen ihre Bestandteile wesentlich gröber aus. Die Korngröße ist ein Zeichen dafür, über welchen Zeitraum ein Gestein in

Mehrfach vom Eis überlaufen – Steinberge bei Piskowitz/Pěskecy

Ruhe wachsen konnte. Dies trifft natürlich nur auf die von unten entstandenen, aber nicht auf die von oben abgelagerten zu. Noch dazu hatten die einzelnen Bestandteile Gelegenheit, vor dem Hochkommen ihre wahre Pracht zu entfalten. Jedes einzelne Mineral bringt sich selbst formgebend bis formvollendet in die große Form ein. Ist dann sogar noch etwas Luft, kann es vollends auskristallisieren. Das ist in der Lausitz leider selten der Fall. Ich wusste das als junger Mineraliensammler nur zu gut und reiste gern in die Ferne zu besonderen Fundorten.

Der helle Glimmer fehlt hier gänzlich. Doch dafür fällt das Gestein sehr kontrastreich aus. Herausgekommen ist der Westlausitzer Granodiorit oder auch Demitzer Granit, nach dem kleinen Ort Demitz, heute Demitz-Thumitz, benannt. Seine harten Schwarz-Weiß-Kontraste über ein sehr großes Volumen findet man wohl nur schwer ein zweites Mal. Für einige, vor allem Einheimische, ist er der schönste existierende Stein. In Demitz am Klosterberg, wo sich eines der großen bis heute aktiven Steinbruchzentren entwickelte, spricht man von seinem Hausberg oft als wertvollsten Berg der Welt. Über viele Jahrzehnte wurde der Demitzer Granit weltweit exportiert. Die Oper in Manaus am Amazonas im brasilianischen Urwald wurde aus ihm gebaut, aber auch die Straßenbegrenzungen an der Elbe im Hamburger Vorort Blankenese. Kaputtzukriegen ist er kaum, jedenfalls nicht mehr zu unseren Lebzeiten.

Die Lausitzer Scholle weist neben der Grauwacke insgesamt sechs verschiedene Variationen von Graniten und Granodioriten auf, unterscheidbar nach dem Anteil des Feldspates. Doch damit nicht genug. Mit der Erkaltung des letzten heißen

Menüs der erdgeschichtlichen Küche waren Risse entstanden. Manche wenige Zentimeter, andere viele zig Meter breit und meist mehrere Kilometer lang. Über 1250 dieser Risse konnte man zwischen Elbe und Neiße bis in die 1970er Jahre nachweisen. In diese Spalten drang abermals ein Gemenge aus der Tiefe. Vergleichsweise schnell und hektisch, wohl auch durch den Kapillareffekt der Spalten. Keine Zeit für große Kristalle, aber dafür von elegant dunklem Aussehen, ein Schwarz mit einem Hauch von Grün. Der Diabas, heute als Lamprophyr bezeichnet, stellte für die Lausitz eine schicke Garnierung dar. Im Erzgebirge beispielsweise fehlt er gänzlich. In den am westlichsten gelegenen Klüften, zur Elbtalbruchzone hin, entstand dagegen Porphyr.

All diese Gesteine bilden das Ausgangsmaterial dafür, woraus später die Hügelländer geformt wurden. Hierzu bedurfte es einer sanftmütigen Kraft. Sie konnte erst ins Spiel kommen, als unser Feuerplanet etwas abgekühlt war. Erst die Vergletscherung von den Polen aus und die damit verbundenen Wind- und Wettersysteme schufen mit der Zeit am Ende etwas Weiches, Gewelltes. Eis verweichlicht jeden Fels und das in einem erdgeschichtlich kurzen Zeitraum.

Noch etwas lässt sich beim Gang durch das Hügelland finden: Flint Feuerstein. Von allen Steinen, die die Gletscher mit sich übers Land trugen, ist der Feuerstein der wohl spannendste. Er ist nie rundgeschliffen. Ganz im Gegenteil, und er variiert in Form und Farbe wie kein zweiter. Zwar besteht er wie Quarz aus Siliziumdioxid, doch ist er organischen Ursprungs und aus Kieselsäure entstanden. Dem Bernstein nicht ganz unähnlich, aber deutlich schwerer, gehört er zu den als Halbedelstein zählenden Opalen. An manchen Stücken lässt sich der Entstehungsprozess von innen nach außen ablesen. Manchmal sind die Ränder sogar noch leicht weiß und wasserlöslich, er trocknet von der Mitte her aus. Normalerweise ist er grau, kann aber durch Eisenoxydbeimengungen auch orange oder sogar rot ausfallen. Als lokale Spezialität gilt der rote Feuerstein von der Helgoländer Düne, der als Schmuckstein gehandelt wird.

Hat ein Feuerstein kantige statt runde Brüche, besteht die Wahrscheinlichkeit, dass ein Mensch aus früherer Zeit ihn einmal in seinen Händen hielt und ihn als Faustkeil oder Pfeilspitze oder zum Feuermachen bei sich getragen hat.

Anhand der Ausbreitung dieses auffälligen Steines lässt sich die Südgrenze der nordeuropäischen Vergletscherung ablesen. Die Feuersteinlinie war jahrelanger Forschungsgegenstand und erhielt an ihren südlichen Punkten wie im Zittauer Becken oder in Bad Schandau entsprechende Denkmäler.

Im Hügelland habe ich von kleinen Splittern bis zu fußballgroßen Exemplaren viele entdeckt, von erster Größenordnung auch schon einige als Andenken mit nach Hause gebracht. Ich habe sie auf Höhenlagen von 200 Metern über dem Meer bis fast hinauf auf 400 Metern entdeckt. Es reizt mich, eine persönliche Feuersteinlinie zu ziehen. Sich mithilfe der Feuersteine die tatsächlichen Eisrandlagen in der Landschaft zu veranschaulichen finde ich eine spannende Herausforderung.

Viele Feuersteine zusammen an einer Stelle scheinen für ein späteiszeitliches Becken zu stehen. Anders gesagt: Hier stand das Schmelzwasser bis zuletzt. Ganze Bahnen gröberer Steine, wie sie sich manchmal in alten Kiesgruben zeigen, zeugen von alten Flussläufen, die während der warmen Zeit im Eiszeitalter ihren Weg vor dem Eisschild suchten. »Vielseitig interessiert« zahlt sich bei meinen Gängen im Hügelland neu aus.

Reliefenergie und landschaftliche Ordnung

Wissen und Erleben bedingen sich. Im besseren Sinn inspiriert das Wissen mein Erleben der Landschaft. Dies kann durch spezielle Begriffe erfolgen, die ich neu kennenlerne. Reliefenergie ist so ein – schon am Beginn des Textes erwähnter – Begriff und wird zu einem mich inspirierenden Wort. Das Wissen darum belebt meinen Blick auf die Landschaft. Geomorphologisch beschreibt die Reliefenergie den Grad an Höhenunterschieden, die in einer Landschaft liegen. Man könnte sie aber auch übertragen verstehen, als reizvolles Maß für die unterschiedlichen Blickwinkel, die sich im Relief der Landschaft ergeben.

Durch die Art der Aufwölbung entstehen oft kleine klimatische Unterschiede, die sich nicht nur langfristig in der Vegetation äußern, sondern auch alltäglich, wenn man sich beispielsweise von der Nordseite auf die Südseite einer Anhöhe bewegt. In der zweiten Hälfte des Winterhalbjahres kommt man so auf wenigen Hundert Metern dem Frühling ein Stück näher. Im Hochsommer ersehnt man dagegen die schattigen Nordseiten, wo immer ein frisches Lüftchen weht.

Eisrandkante südöstlich vom Kamenzer Hutberg

65

Doppelkuppe mit Mütze an der Alten Bautzener Straße, Rossendorf

66

Hinab ins Gefilde – Wettergrenze Gulgenberg bei Burkan

© Thomas Kunadt

69

Mit dem Wort Reliefenergie ist mir ein Wort geschenkt worden, das sich für mich mit meinen fast täglichen Tun verbindet, den Anstrengungen des Aufs und Abs in der Landschaft zu folgen. Von wem stammt dieses Wort? Ich stoße bei der Suche nach der Herkunft auf die Biografie eines großen Mannes, dessen Fußstapfen gar nicht so weit von hier begannen. Albrecht Pencks Weg führte 1858 von Reudnitz bei Leipzig über München und Wien nach Berlin. Er gilt als erster Geologe, der die dreimalige Vergletscherung Nordeuropas nachgewiesen hat, verfasste ein Standardwerk über die vier Vergletscherungen der Alpen und prägte die bis heute gültige Definition von Mitteleuropa. Weltweite Reisen und Forschungen animierten ihn, sich für ein erstes Weltkartenwerk in einem einheitlichen Maßstab von eins zu einer Million mit Greenwich als Nullmeridian einzusetzen. Zuvor waren landesweit jeweils eigene Nullmeridiane gebräuchlich. Der erste Weltatlas eines belgischen Geografen und

Albrecht Penck (1858–1945)

© *George Grantham Bain Collection*

Verlegers in einheitlichem, aber nichtmetrischem Maßstab legte den Nullmeridian schlicht durch sein eigenes Verlagshaus. Pencks Name ist weltweit acht Mal geografisch verewigt, nach ihm wurden Gletscher am Kilimandscharo und in Neuseeland benannt, zudem fünf Objekte in der Antarktis.

Zurück zu meiner kleinen Heimatscholle, das genaue Maßnehmen ergibt im Bretnig-Hauswalder Lösslehmhügelland vor meiner Tür einen maximalen Höhenunterschied von 65 Metern auf 740 Meter Luftlinie, gemessen vom Hohberg hinunter zum Tal des Hauswalder Baches, aus Kindertagen bekannt als die beste Rodelbahn. Der steilste Hang findet sich am westlich gelegenen Haselberg, knapp elf Prozent beträgt die Neigung oder Steigung, aus Kindertagen bekannt als »Todesbahn«. Von unserer Kenntnis der Erdgeschichte her sind diese Gefälle kein Wunder: Dort scheint die Gletscherzunge erstmals auf massives Gestein gestoßen zu sein.

Landschaftsbegriffe im alltäglichen Sprachgebrauch entbehren nicht einer gewissen Oberflächlichkeit. Zudem haben in diesem Sinne nur die besonders spektakulären Flecken eigene Namen, andere dümpeln namen- und damit etwas achtlos vor sich hin. Die vorhandene, ambitionierte Idee einer naturräumlichen Ordnung widmet sich ausnahmslos allen Landschaftsteilen. Ortskundige Fachleute gaben beginnend vor vier Generationen hierzulande Landstrichen eigene Namen. Der Schlüssel, das zugrunde liegende, siebenstufige System zu erklären, liegt für mich darin, eine Mikrogeochore, die kleinste Einheit, als eine Art Ort zu verstehen, dessen Grenzen im Gegensatz zu einer Siedlung nicht willkürlich, sondern natürlich bestimmt sind. Im Wesentlichen durch Erhöhungen und Vertiefungen sowie durch deren Untergrund. Die natürliche Ortschaft bei mir vor der Tür wurde Bretnig-Hauswälder

Lösshügelland genannt. Die Siedlung Bretnig-Hauswalde, seit Kurzem eingemeindet, besteht aus drei solcher natürlichen Ortschaften. Hinzu kommen Teile des Pulsnitz-Hauswälder Talriedelgebietes, aber auch ein Teil des Krohnenberg-Kesselberg-Rückens. Letzterer wird bereits dem Bergland zugerechnet. Die anderen beiden sind Teile des Nordwestlausitzer Hügellandes, das aus zehn solcher natürlichen Ortslandschaften besteht. Diese Kleinlandschaften, Mesogeochore genannt, sind in ihrer Größe mit früheren Landkreisen vergleichbar. Verstehen wir diese als moderne Großgemeinden, dann gibt es in meinem Umkreis insgesamt sieben, die gemeinsam eine Makrogeochore, einen geomorphologischen Landkreis ergeben.

Der hat im konkreten Falle mehrere Namen. Die einzelnen Bundesländer haben die ursprünglich nationale Idee oft noch einmal für sich modifiziert. Wahlweise ist hier von den Westlausitzer Vorbergen, dem Westlausitzer Hügel- und Bergland, aber auch vom Nordwestlausitzer Berg- und Hügelland die Rede. Am Rande sei noch erwähnt, dass die Oberlausitz einmal die Nummer 44 von 96 Großlandschaftsgruppen bekam. Zusammen mit allen anderen Gebirgsvorländern wird diese noch dem Norddeutschen Tiefland zugerechnet und ist damit Teil von sechs geomorphologischen Bundesländern.

Ich gebe zu, dass man bei diesen Landschaftsordnungen schon sehr motiviert sein muss, um sich dies persönlich nutzbar zu machen. Für mich stellen diese Ordnungen zugleich immer auch den globalen Zusammenhang her, die eigene Heimatscholle lässt sich in größeren Zusammenhängen begreifen. Meine Neigung zu Systematik und begrifflicher Klärung geht aber wohl über das normale Bedürfnis hinaus. Mir sind die Rubrizierungen hilfreich für ein umfassendes Landschaftsverständnis. Generell sind landschaftliche Ordnungen ein vielschichtiges und auch dauerhaft strittiges Thema.

Kehren wir zurück zu den Begehungen der heimatlichen Landschaft selbst. Beim heimischen Bretnig-Hauswalder Lösslehmhügelland hat es 288 Tage gedauert, bis ich auch auf dem letzten der elf Hügel war. Diese lange Dauer hat damit zu tun, dass ich viele Male ähnliche Wege zu fernen Zielen gelaufen bin, eben Tagestour an Tagestour gereiht habe, statt mit Übernachtung Hügel an Hügel zu reihen.

Im Gegensatz zur wissenschaftlichen Systematik sind für meinen Läuferalltag ganz andere Dinge wichtig und relevant, zum Beispiel das Wetter. Und bei meinen Gängen jeweils die Himmelsrichtung zu wechseln hat ebenso auch mit dem Wunsch nach Abwechslung zu tun. Begrifflich kann es gern systematisch sein, aber deshalb quasi im Kompassrund Tour nach Tour zu laufen, das ist wenig attraktiv. Und es kann auch sein, dass mich eine Erhebung schlicht anlockt – warum auch immer!

Zusätzlich kommen Bilder mit ins Spiel, Fotografien von Land und Wellen und Hügeln, die erst mal nur Notizen sind. Zurückgekehrt, nach einiger Zeit der Betrachtung, helfen sie, das Bild zu entdecken, das den Charakter der Landschaft wirklich erzählt.

Black Out und erzwungene Pause

Gerade in der besten Wanderzeit im Frühjahr und Herbst haben die Tage oft nicht die Länge, um das gewollte Maß an Strecke zu absolvieren. Es besteht die Gefahr, dass ich ins Stockdunkle gerate. Mit hellem Mondschein und einem offenen und klaren Sternhimmel ist alles besonders. Wenn man die Plejaden, das Siebengestirn, mit bloßem Auge erkennen kann, herrschen optimale Bedingungen für das Gehen. Haben sich die Augen erst einmal auf die Dunkelheit eingestellt, können die klaren Schatten der Bäume am Wegesrand einen in Erstaunen versetzen. Doch wehe, es stehen mehrere Bäume nebeneinander oder der Weg führt gar in ein Waldstück, dann ist es wirklich dunkel und unser Sehsystem gerät an seine Leistungsgrenze.

Um einen dunklen Weg im Wald zu laufen, ist der Blick in den Himmel eine gute Hilfe, denn oft bildet sich der Weg auch als Lücke zwischen Bäumen ab, sieht man also in einem Streifen den Himmel, ist man auf dem rechten Weg. Auch glatte, hochstämmige Bäume an den Rändern des Weges sind eine gute Orientierung. Manchmal bietet auch der Weg selbst einen Kontrast zur Dunkelheit, wenn er aus Sand besteht oder mit hellem Splitt aufgeschüttet ist, was zum Glück für den Nachtspaziergang häufiger vorkommt. Je breiter der Weg, desto einfacher lässt er sich nachts gehen. Am besten ist es, wenn man ihn zusätzlich schon einmal im Hellen gegangen ist. Generell ist es vor allem eine Übung des Selbstvertrauens. Etwas breitbeinig zu gehen hilft, das Gleichgewicht zu halten, denn schließlich befindet man sich nahe am Black Out, im Vergleich zum White Out, das einem bei Schnee und Nebel widerfahren kann.

So ein Black Out ist nicht immer zu verhindern. Die Strecken, die ich gewählt habe, bergen dieses Risiko. Im Dunkel fehlt uns für Einzelheiten das Sehvermögen, ich möchte nicht verhehlen, dass ich für diese Erkenntnis auch ab und an Lehrgeld bezahlen musste. Mein Tipp: nichts anfassen, besonders nicht zum Festhalten, es könnte Stacheln haben. Ansonsten sind quer liegende Stöcke oder gar Stämme der schlimmste Feind der abendlichen Situationen, was ich in einem Wäldchen unmittelbar hinter dem Wilschdorfer Weinbergen erfahren musste. Der plötzliche Widerstand war nicht sichtbar, dafür umso spürbarer. Ich lag sofort auf dem Boden, mit Schmerzen und einem kleinen Schock. Ich sah schließlich, dass ein kleiner, fester Birkenstamm auf den Weg ragte. Ich bekam sofort neuerlichen Respekt vor der Pechschwärze der Nacht in den Tiefen des Waldes, hatte aber noch einige Kilometer durch das Dunkel zu absolvieren.

Ich wich zunächst auf eine nahe gelegene Straße aus. Dort bieten die weißen Streifen am Rand auch in dunkelster Nacht einen ausreichenden Kontrast. Doch wenn die Augen sich gerade an die Dunkelheit angepasst haben, werden nun Autos und besonders deren Scheinwerfer die Feinde. Ich habe mir mittlerweile angewöhnt, schnell den Blick ganz nach unten zu richten und regelmäßig die Straßenseite zu wechseln, schon bevor ein Auto wirklich nah ist, um eine maximale Distanz bei jeder Begegnung mit den Lichtkegeln zu erreichen. Dennoch ist der Gang auf die Straßen die schlechteste aller Alternativen. Ich wählte also den Weg zurück in und durch den dunklen Wald. Zum Glück führte der durch die Massenei, meinen Heimatwald, und die Strecke war ich schon mehrfach gelaufen. Letztlich ging alles gut, auch wenn ich ziemlich erschöpft mit einer erneuten Marathonstrecke in meinen Beinen zurückkehrte.

Ich bin ein ausgesprochener Schönwetterwanderer. Zwischenhochs oder Hochdruckgebiete sind mein Startsignal loszuziehen. Schließlich treibt es mich hinaus, Schönheit zu entdecken und fotografisch einzufangen. Hochdruckgebiete mit ihrer absinkenden Luft sind für mich wie Fotolinsen, die die Atmosphäre anbietet und mir die entsprechenden atmosphärischen Aufnahmen ermöglichen. Und wenn der Wind still ist, kommt ein ganz besonderer Frieden in den Moment. Mag sein, dass mich das fasziniert, weil ich dreißig Jahre im Norden Deutschlands mit dem Wind als nahezu ständigem Begleiter zu tun hatte. Vielleicht ist es auch deswegen meine aktuelle Intention, gezielt den Ausgleich und Frieden in der Natur zu suchen. Das Gehen und das Laufen haben sich verändert in den zurückliegenden gut zwei Jahren, doch eines ist geblieben: das Gefühl, dass ich unterwegs da draußen besser aufgehoben bin.

Nach 4500 Kilometern in den Beinen, Muskeln, Sehnen und Knochen taucht plötzlich ein alter Schmerz auf. Wie aus dem Nichts sticht es im rechten Knie. Von jetzt auf gleich ist es vorbei mit der Leichtfüßigkeit. Ich bin gezwungen, mich von ehrgeizigen Tagesplänen zu verabschieden. Der Körper verlangt nach Veränderung und Anpassung.

War es das jetzt mit meinem großen Projekt? In einem Umkreis von knapp fünfzig Kilometern Luftlinie habe ich eine

Gesamtentfernung zurückgelegt, die in der summierten Luftlinie bis nach Neufundland führt, ans Ende des Baikalsees, nach Äthiopien. Was bliebe, wäre es jetzt vorbei?

Eigentlich sehr viel, zum Beispiel das Gefühl, auf den Gipfeln, in den stillen Tälern und in den Tiefen des Waldes gut aufgehoben zu sein. Straßen sind keine Orte, an denen ich mich wohlfühle. Und auch nicht diese in den letzten Jahren erbauten, glatten Siedlungen, die vielleicht auch viele andere dazu anregen, rauszukommen, ins Auto zu steigen oder besser ebenso zu laufen und sich zu entfernen. Es gibt einen schier unerschöpflichen Reichtum an Natur und Landschaft. Und den habe ich gesehen und erlebt.

Ich habe in diesen zwei Jahren wohl so viele unterschiedliche Bilder fotografiert wie noch nie zuvor. Der Motivreichtum der Natur, mit der Erde, den Steinen, den Pflanzen und Tieren, ist endlos. Das Wasser und der Himmel, bisheriger Hauptfokus meines Schaffens, wurden wunderbar ergänzt. Mag es eine lokale Eigenart sein, vielleicht betrifft es aber auch alle Hügelländer, die Bergländern und Gebirgen vorgelagert sind: Egal, auf welchem Teil der Erhebung man rastet, immer ergibt sich mit dem jeweiligen Hintergrund eine andere, besondere Perspektive und Blickkonstellation. Fotografisch gesehen ist das eine große Herausforderung. Und eine Chance, denn man kann statt von einem Gipfelpunkt aus mit einem Tele oder Fernglas alles heranzoomen, im Gelände den idealen Punkt erlaufen, von dem aus die nahen Hügel bildlich zu den fernen Bergen passen. Für eine spannende Bildgestaltung versuche ich noch weitere Aspekte im Vorder- und Mittelgrund einzu-

Landschaftswellen im Lausitzer Gefilde um Uhyst am Taucher

beziehen. Charaktervolle und starke Einzelbäume oder auch kleine Wäldchen bieten sich motivisch an. Schafft man es, auch noch Kirchtürme oder Burgen mit abzulichten, liegt im Bild danach ein besonderes Heimatgefühl für diejenigen, die mit der Gegend vertraut sind.

Meine aktuelle Herausforderung liegt darin, die knapp 40.000 neuen Bilder zu sortieren und aus ihnen weitere Erkenntnisse über das Hügelland zu gewinnen. Die Landschaft als Schatz zu sehen lässt mich in neuer Dankbarkeit zurück. Und es lässt selbst das kleine Heimatland schier unerschöpflich groß erscheinen.

Der Winter ist die Zeit des Sortierens, weiteren Recherchierens, der Verarbeitung, des Erinnerns und um ein Gefühl zu bekommen dafür, was die nächsten Schritte sein werden.

Gehen als Sport im Hügelland

Der Frühling kommt, das Draußen ruft wieder. Es ist März, die Temperaturvorhersagen werden erstmals wieder zweistellig und liegen irgendwo zwischen 12 und nicht ganz 15 Grad. Jetzt scheint die ideale Wanderzeit zu sein. Im Gegensatz zum März 2022, der trocken strahlend aus einem nassen Februar erwuchs, will sich in diesem Jahr die Sonne nicht so recht durchsetzen. Am 12. März gehe ich über die Höhen und Tiefen der Landschaft, auf der Suche nach der Eiskante im Nordwesten. Ich suche die Stelle, wo die Gletscher erstmals auf Widerstand durch den Festlandssockel stießen. Die Linie ist schnell gefunden. Der zähe Märzwinter hat die Vegetation zurückgehalten, und der Nachtfrost, hoffentlich einer der letzten, macht die tagsüber triefend nassen Felder morgens begehbar.

Die Kuppen hier sind voller spitzer Lesesteine, dicht an dicht und selbst von Weitem erkennbar, denn sie sind aus hellem Granit. Ist die erste Welle gefunden, ergibt sich von dort aus schon der Blick zur nächsten. Nach drei, vier Wellen mischen sich auch die runden Steine unter. Die Weitgereisten treffen die hiesigen. In der sumpfigsten der Dellen finden sich fast ausnahmslos runde Steine, sogar ein paar Feuersteine sind dabei. Abgetragene, Hergetragene und Abgelagerte liegen hier erstaunlich dicht beieinander. Diese Wanderung hat etwas vom Surfen, immer oben auf der Welle. Doch im Gegensatz zur Situation in wirklichem Wasser kann ich jederzeit Rast machen, auch für ein Foto. Irgendwo hier draußen ist sie: die perfekte Welle, fast auf ewig in die Landschaft geschrieben. Der Gedanke daran ist Inspiration. Der kräftige Südwind verzaubert mir den Tag, es ist paradox, im Schutz von Mulden und Senken wirkt die Stille jetzt noch intensiver.

Dennoch ist es ein kleiner Abschied. Mein altes Konzept, bei möglichst ruhigem Wind und beschaulichem Licht neue Blickwinkel zu erkunden, wird gerade vom Wetter über den Haufen geworfen. Da kommt mir ein neues Konzept gerade recht, eines, das mich wieder mehr zurück auf Straßen und Wege und unter die Menschen bringt. Eine App hilft mir von nun an dabei, Digitalisierung und Globalisierung haben durchaus ihren Reiz. Ich spiele ab jetzt das Pokemon der Wanderer auf dem Portal Wandrer mit. Mit jeder neu begangenen

Wegemeile sammelt man Punkte. Bonuspunkte winken mit zunehmender Vollständigkeit eines Ortes oder eines Gebietes. Darüber hinaus gibt es monatlich einen Wettbewerb, wer die meisten neuen Kilometer schafft. Die ersten drei werden mit zusätzlichen Punkten belohnt, je nach Anzahl der Teilnehmer. Die App stammt von einem Programmierer aus Atlanta, Georgia. Immerhin 63.320 Teilnehmerinnen und Teilnehmer weist sie weltweit auf.

Ab jetzt zählt es, bisher unbegangene Wege zu ergehen, Wege, die andere Menschen in die Kartencommunity dieser Welt eingezeichnet haben. Nach fast zwei Jahren der Kür kehrt nun die Pflicht in mein Laufen zurück. Punkte bekommt man für neue Meilen, aber auch für besondere Flächenabdeckungen eines Ortes. Im monatlichen Wettbewerb zählen auch die meisten Kilometer in einem Kreis, Bundesland, Land, Kontinent oder weltweit. Der Vormonat zeigt, dass dort draußen zwei, drei Menschen bereits in Perfektion mitspielen. Ein Mann aus Belgien bringt über 600 Kilometer ein und wird im Februar 2022 Weltmeister. Das liegt deutlich jenseits meiner Ambitionen, zumal ich mich nach wie vor auf meine Landschaft vor Ort konzentrieren und nur langsam erweitern möchte. Das Einfach-querfeldein-Gehen ist meine bisherige Leidenschaft gewesen, doch bringt dies in der App keinerlei Punkte. Es gilt ab jetzt, Wege und Straßen zu laufen. Doch vielleicht ergibt sich damit auch ein neuer Blick auf das Hügelland.

Ich versuche es also, ausgehend von meinem Heimatort. Von den ersten 19 Kilometern gingen gerade einmal 600 Meter in die Wertung »neu und erstmals begangene Wege« ein.

Schon nach kurzer Zeit ergeben sich bei meiner Fortsetzung viele sehr ernüchternde Aspekte. Statt des Blickes in die Umgebung dominiert der Blick auf das Handy, und das Ganze führt insbesondere zu den vielbefahrenen Straßen, denen ich bisher gerade ausgewichen bin. Viele Wege doppeln sich, manchmal muss ich sie sogar drei- und vielfach gehen, um die letzten Zipfel der Flächenabdeckung zu erreichen, die erst die Punkte einbringen.

Der Abgleich mit der globalen Karte und den bisherigen eigenen Leistungen ergibt jetzt eine neue magische Zahl des Tages. Doch wo Technik ist, sind auch neue Probleme. Es gibt Wege, die früher einmal öffentlich waren, aber heute mit einem Zaun abgegrenzt sind, manchmal führen sie auch in den Wald, wo das GPS verschwindet. Darüber hinaus gibt es noch Brücken, die häufig einen Teil des Weges aussparen. Liegt das Wasser unpassierbar über den gezeichneten Wegen oder handelt es sich um ein Satellitenproblem?

Wenn auch meine Aktion global gesehen noch keiner Rede wert ist, bin ich im Landkreis schnell die Nummer 1, also der Local-Wandrerhero der umliegenden Orte. In über einem Dutzend Orten liege ich auf Platz eins und habe gute Chancen, die besonderen Bonuspunkte zu erlangen. Anders gesagt: Hier im Hügelland ist die Beteiligung an der Wandrer-App noch nicht sehr verbreitet und bietet mir die Chance auf respektable Platzierungen. Und tatsächlich geht es mir sehr schnell genau auch um genau diese.

Am 18. März gehe ich los, um die nächstgelegenen fehlenden Kilometer zu sammeln. Selbst hundert Meter vom Haus gibt es noch neue Wege und damit auch neue Blickwinkel und neue Motive für die Kamera. Von einer alten Scheune, von der ich fotografisch vor langer Zeit noch spannende Holzstrukturen einfangen konnte, stehen heute nur noch die Grundmauern. 35 Kilometer sind eine große Bretnig-Runde, und sie bringen mir einen Sonderbonus ein, weil ich so nun 90 Prozent der Wege hier gegangen bin.

Auch die drei Folgetage führen zu den nahen unbegangenen Wegen. Nach 100 Kilometern hier im Rödertal bringen mich die dabei erreichten 39 neuen Kilometer in der Monatswertung wenig voran.

Es gibt andere Teilnehmerinnen und Teilnehmer, die schon über 200, sogar 300 Kilometer neue Wege gelaufen sind, ich bin erst knapp über 100.

Ich erinnere mich an ein Erlebnis aus meiner Kindheit. Vor dem ersten 3000-Meter-Lauf hatte ich wahrscheinlich solch großen Respekt, dass ich mich schon am Anfang sehr weit zurückfallen ließ. Doch mit der Zeit gelang es mir irgendwie, genau das in Motivation zu verwandeln. In der letzten Runde konnte ich, wie verwandelt, plötzlich einen nach dem anderen überholen. Auch wenn ich nicht mehr Erster wurde, blieb mir das Gefühl, einen großartigen Sieg errungen zu haben.

Die nächste Tour führt ins Langebrücker Hügelgebiet. Hier gilt es noch einmal, in alter Manier möglichst viele Kuppen zu besteigen. Zwölf neue Hügel brachte dies in meiner Bergwertung. Dankbar dicht lagen sie nebeneinander, und das bei gerade mal 60 Meter Höhenunterschied. Doch schon auf dem üblichen Rückweg von der Bahn begann ich, ein paar Umwege für die App zu gehen. So gingen 20 Kilometer von den 35 tatsächlich gelaufenen in die Wandrerwertung ein.

Den Kreismeistertitel im Kreis Bautzen habe ich jetzt errungen, und damit den zehnten Platz in Sachsen. Deutschlandweit bin ich damit allerdings nicht einmal unter den Top 100, in Europa nicht unter den Top 500, weltweit auf Platz 891.

Ab dem 22. März fahre ich morgens mit dem Bus, wie andere Leute zur Arbeit, ins Trainingslager in die Dresdner Heide. Kartenflügel A und C war ich schon für die Bewertung gelaufen. Flügel B führte mich nach Loschwitz zu einem der schönsten hiesigen Orte an der Elbe. Hier wäre ich gern länger geblieben. Zurück durch den Wald, zum nächsten Bahnhof Klotzsche, gelang mir fast eine zeitliche Punktladung, knapp verpasse ich die Bahn. Es ist zum Glück nur die vorletzte. Die Zahl des Tages lautet: von 34 gelaufenen Kilometern sind 25,4 Kilometer für Wandrer verwertbar. Mit dieser Effizienz von über 70 Prozent an neuen Wegen wurde die Heide in den nächsten Tagen meine beste Freundin. Deutschlandweit stand ich jetzt einem Platz auf dem Medaillentreppchen gar nicht mehr so fern, aktuell war ich auf Platz sechs dieses Wettbewerbs.

Das neue Gangprinzip ist gut für neue Chancen und Möglichkeiten: Zuerst einmal Ballast abwerfen. Neben der Kamera mit einem kleinen Objektiv passen noch zwei Äpfel, ein paar

Kekse und ein Müsliriegel in eine Fototasche. Einmal mache ich mich sogar ohne Kamera auf den Weg, als das Wetter trüb ist, mit minimaler Verpflegung in der Hosentasche. Mich erstaunt es selbst, dass ich auch mit zwei Äpfeln dreißig Kilometer schaffe.

Die Idee der App hat mich in einen anderen Modus gebracht, das Hügelland ist mehr der Ort, an dem das Laufen stattfindet, als ein zu erforschender Gegenstand. Darüber hinaus treffe ich nun mehr auf andere Menschen. Neben solchen, die zügig unterwegs und schnell vorüber sind, gibt es immer auch ein oder zwei mit mehr Zeit und einer spannenden Geschichte.

Von den Orten führt es mich auch immer wieder hinaus ins offene Hügelland. Auch hier bin ich noch nicht jeden steilen Hang gelaufen und entdecke neue Blickwinkel, wie die Hügel zueinander liegen. Die Abstecher hinaus aufs Feld und hinein in den Wald werden nun meine Abwechslung und äußerst angenehm. Während die botanischen Reize noch sehr überschaubar sind, zwitschert es überall lauthals. Aber nicht nur Amsel, Drossel, Fink und Star – wie im altbekannten Kinderlied –, sondern auch Kraniche, Silberreiher, Kiebitze und Königsweihen konnte ich in diesem Jahr schon erblicken. Auch ein erster Storch stakste schon über die feuchten Felder.

Im Wald freue ich mich über eine einzelne Fliege und fühle mich daran erinnert, wem der Lebensraum spätestens im Sommer tatsächlich gehört. Also nutze ich die Zeit gern auch für einige Waldkilometer, noch ohne Laub lässt sich das Auf und Ab der Landschaft wunderbar einsehen. Mehr denn je

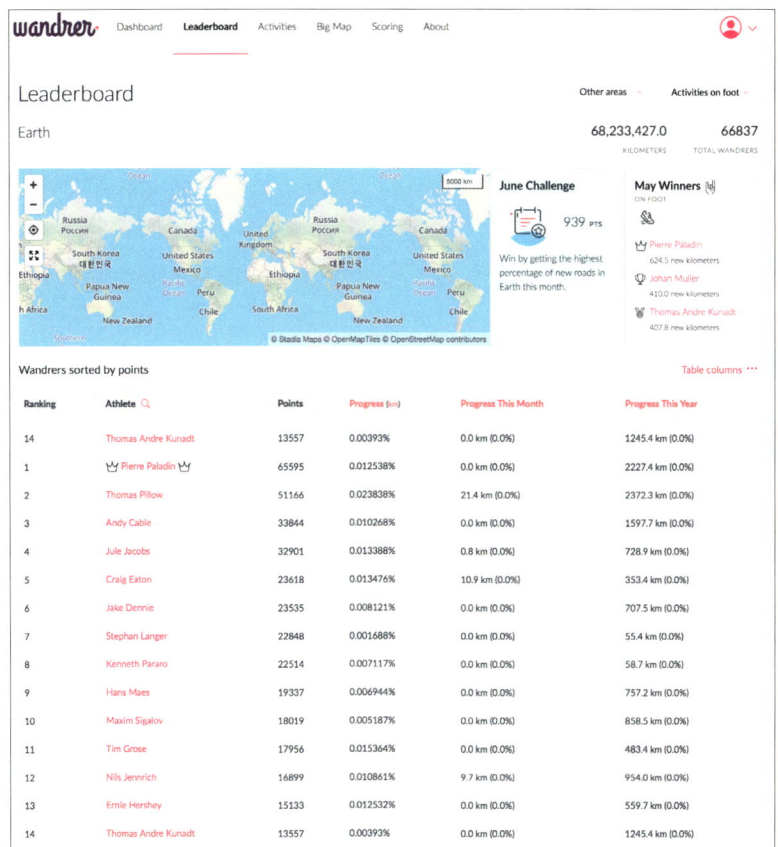

Bestenliste Wandrer. Earth Mai 2023

© Wandrer

aber laufe ich auf den kartierten Wegen, auf Straßen, sogar auf viel befahrenen Straßen, statt wie früher so weit wie möglich abseits davon.

Gehe ich heute durch Ortschaften, dann immer auch mit dem Blick dafür, in welche Landschaft sie eingebettet ist. In den größeren Orten kann es passieren, dass die Landschaftsform auf den ersten Blick gänzlich verloren geht. Stadtnahe Hügel wurden gern bebaut, wohl des verlockenden Ausblickes wegen. Vor allem um das vorletzte Millennium herum haben sich viele mit ihren Gründerzeitvillen dort oben auf kleine Denkmäler erschaffen. Schade aber, dass manchmal die kostbaren Ausblicke der Erhebung gänzlich überbaut wurden. Hier wurden und werden kostbare Naturraumpotenziale verschenkt. Dabei wäre schon eine kleine Achse mit offenem Ausblick ein großer optischer und atmosphärischer Gewinn. Doch spätestens, sobald ich wieder auf längere gerade Straßen gerate, kommt das Gefühl für das Relief wieder.

Die Ruhe am letzten Sonntag im März nutze ich für einen verschlungenen Lauf in Richtung Heide, bei dem ich dort zwar nicht ankomme, aber noch einmal 32 neue Kilometer sammele und, wie früher, bis vor die Tür zu Fuß zurücklaufen kann. Die 200-Kilometer-Wandrer-Marke ist in dieser Woche geschafft. Das bedeutet, dass ich in Deutschland auf Platz drei bin und auch in Europa schon Richtung Top Ten blicken kann. Jetzt gilt es anzuziehen und nachzusetzen. Das angestrebte Finale, der lange Spurt zum Zieleinlauf und Besteigen der obersten Stufe des Gewinnertreppchens, findet in der folgenden Woche statt. Die Schmerzen als Ergebnis davon, dass ich schon den neunten Tag in Folge wandere, kann ich nur halb vergessen, denn für die letzte Woche heißt es, jeden Tag einen Heidelauf zu absolvieren. Der lange Spurt gelingt mir: Ab Mittwoch bin ich deutscher Meister, Donnerstag in Europa Platz zwei, weltweit auf Platz fünf in der Monatswertung auf Wandrer. Am Freitag, den 31. März ist es vollbracht. Die

Bronzemedaille der Weltmeisterschaft des Monats ist errungen, Gold in Europa, Deutschland, Sachsen, Bautzen und Dresden.

Natürlich ist das virtuell und das Edelmetall ist nur eine Vignette in der App, aber innerlich hallt der sportliche Erfolg lange nach, so wie meine ersten Wettkampferfahrungen auch bis heute reichen. Dass ich in zwei Wochen jeden Tag und insgesamt 500 Kilometer laufen kann, war für mich selbst noch eine Woche zuvor undenkbar. Spätestens nach zehn Kilometern machte mir regelmäßig der alte Knieschmerz zu schaffen. Doch aus eigener Erfahrung kann ich nun sagen: Schmerzen kann man überlaufen. Eine Art Laufrausch hilft und lässt sich nicht abstreiten, wird passend untermalt vom Rauschen der Bäume und zu dieser Jahreszeit vollendet durch den Gesang der Vögel. Doch erst, wenn ich hinaus aus dem Wald komme und die fernen und nahen Wellen im Relief wiedersehe, erst dann wird der Tag perfekt.

Der gestrige Gang hat mir gezeigt, in welche Richtung es weitergehen kann. Weiche Feld- und Waldwege, vorausgesetzt sie sind nicht zu nass, können mich vielleicht über diese Phase tragen, die Schmerzen lindern. Kleine mäandrierte Bauchläufe und deren Einschnitte sind die optischen Sensationen auf den kürzeren Wegen. Wie unterschiedlich die Farbe des Wassers anmuten kann, je nach Beschaffenheit des Untergrundes! Rot, gelb und klar wechseln auf wenigen Hundert Metern. Dominiert der Fels darunter, hat sich das Wasser schnell selbst gefiltert, auch bei Sand schimmert nur die Farbe des Untergrundes. Beides lädt ein, einen Schluck aus der hohlen Hand zu probieren. Nur beim rötlichen Wasser, ich vermute, durch den hohen Eisengehalt, rät mir ein uralter Instinkt: Lass das mal lieber!

Doch Tausend Kilometer draußen setzen in diesem Frühjahr am Schienbein eine innere Grenze. Es fühlt sich an wie mit Metall beschlagen, obwohl da eigentlich nur Haut ist. Dieser neue Schmerz scheint nicht überlaufbar zu sein. Trotz der damit verlorenen Leichtigkeit macht sich in mir kaum Schwermut breit. Ich pausiere gern, die Pause tut sogar gut und gibt einen unerwarteten Rückblick frei. Obwohl ich täglich gelaufen bin, ist kein Alltag daraus geworden. Jeden Tag, auch an den trübsten, landeten ein paar Bilder im Fotokasten. Da sind Stimmungen dabei, die ich bisher selten fotografiert habe: Tristesse mit einem Hauch von Hoffnung, die im Frühling selbst am grausten Tag über allem schwebt.

Die im Vergleich zu früher geschwinderen Gänge haben meinen Blick auf die Landschaft verändert. Ich begreife, dass die Orte, die mir früher weit voneinander entfernt erschienen, näher beieinander liegen als bisher gedacht. Meine Wahrnehmung bewegt sich allmählich in Richtung der alltäglichen Sicht, die man wohl bekommt, wenn man lange hier lebt oder immer gelebt hat. Meine Aktivitäten wirken wie ein Zeitraffer, eine Einsammlung von Eindrücken, die viele erst nach langen Jahren in sich aufgenommen haben.

Sportlich gesehen möchte ich nun keine Eintagsfliege bleiben. Ein Überraschungserfolg ist gut und schön, mich hat ja auch niemand kommen sehen. Aber welcher der vorderen Tabellenplätze in den sieben verschiedenen Wertungen lässt sich überhaupt verteidigen? Mitte des Monats begreife ich, dass ich

jeden Tag neue Kilometer erlaufen muss, um ganz vorne mit-
zuhalten. Im Nachhinein betrachtet haben der neue, sportliche
Wandermodus und der digitale Wettkampf mir das Frühjahr
gerettet. Der Fotograf in mir hätte bei diesen vielen nasskalten
Nordostlagen wohl endlos und unerfüllt drinnen verharrt.

Und über noch eines bin ich sehr dankbar: dass mich diese
sportliche Herausforderung im Hügelland und nicht im Bergland oder Gebirge beschäftigt. Hier lauern viele lohnende und
auch leichte neue Kilometer. Selbst nach so vielen Gängen bieten sie zudem immer neue Perspektiven auf die Erhebungen
in den unterschiedlichen Distanzen. Das ganze Modell passt
zudem wunderbar zum diesjährig durchwachsenen Frühjahr.
In alter Manier wäre ich wohl kaum drei-, viermal losgezogen.
Nun bin ich fast jeden Tag draußen. Aus einer einzelnen Tour
sind ganze Blöcke geworden, und ich erlebe den Aufbruch des
Frühjahres in der Natur wie noch nie zuvor in meinem Leben.

Eine Ewigkeit im Hügelland

Das vollendete zweite Jahr Wanderung im Mai 2023 endet mit
einer Generalpause. Körperlich erschöpft, aber innerlich erfüllt.
Dazu passt eine aktuelle, extrem späte lange Kaltluftphase.
Knapp einen Monat vor der Sommersonnenwende 2023
möchte ich morgens nicht mehr bei frostigen Temperaturen
starten. Die Extremsportphase scheint vorüber, nachdem ich
drei Monate in der Spitzengruppe der Entdecker der weltweiten
Fitnessgemeinschaft gelaufen bin. Zumindest bin ich dort

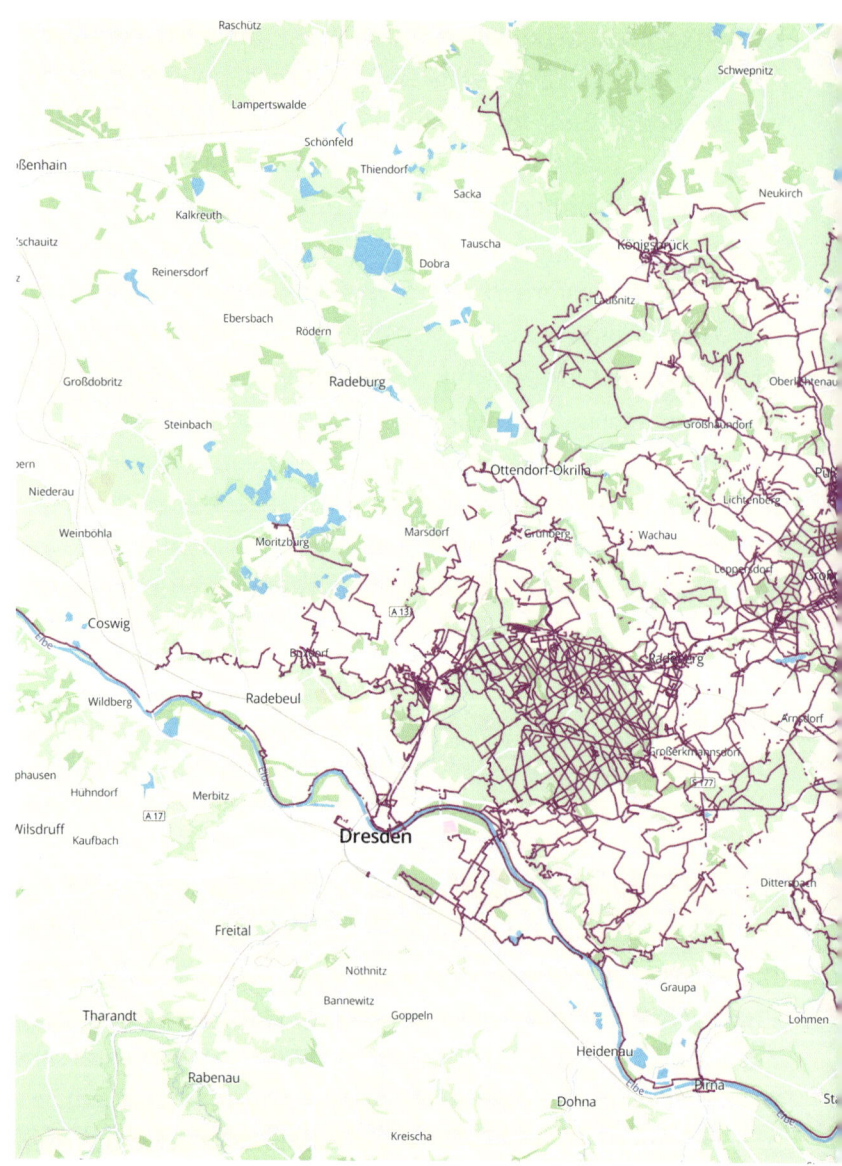

Gelaufene Wege und Straßen im August 2023

92

vielleicht auch längerfristig auf den Titelseiten der jeweiligen Wettbewerbe angelangt.

Am Ende des sportlichen Frühjahrs steht ein dritter Platz weltweit, habe ich zwei defekte Kameras und ein paar ziemlich zertanzte Schuhe. Es ist nicht irgendeine Bronzemedaille, und ich konnte sie drei Monate hintereinander erringen. Die Kameras sind erstaunlich treue Begleiter und hart im Nehmen bei einem Tagespensum von mehreren Hundert Bildern. Das Frühjahr 2023 ist das 31. Jahr meiner fotografischen Leidenschaft. Über eine Million Mal habe ich in diesen Jahren auf den Auslöser gedrückt. Das bleibende Fotoarchiv hat dadurch die Schwelle einer halben Million Bilder überschritten. Was die neuen Bilder des Hügellandes wert sind, werde ich wohl erst mit etwas Abstand erkennen, wenn sich der Rausch, in dem sie entstanden sind, etwas gelegt hat.

Auch wenn mein Ehrgeiz mich gern weitergetrieben hätte und erst nach und nach Ruhe gibt, ist es nun Zeit, der Dankbarkeit für das Erreichte und Erlebte Raum zu geben. Natürlich gehe ich auch weiter nach draußen, aber anders. Ich weiß jetzt, wo die schönen Wege und Plätze sind, also suche ich sie erneut auf. Um noch einmal genauer zu schauen oder sie ganz ohne Anspruch zu besuchen.

6200 Kilometer bin ich gelaufen, auf 613 verschiedene Erhebungen und Gipfel gegangen, 313 verschiedene Ortschaften und Gemarkungen bin ich durchschritten. 6200 Kilometer führen von Bretnig aus in Luftlinie bis weit hinter den Baikalsee nach Sibirien, nach China, Nepal und Indien. Mumbai liegt voraus. Richtung Amerika finden sich Boston und Massachusetts in dieser Entfernung, und New York ist auch nicht mehr so weit. Für mich persönlich wichtiger, rückt Afrika mit Nairobi in Greifweite, einer dieser Orte der Ferne, durch die ich selbst schon einmal gegangen bin.

Der aktuell letzte Gang vor Ort ist nur ein kleiner, ganz außerhalb aller großen Wertungen. Aber er erinnert mich wieder einmal daran, dass die Natur hier draußen schon nach wenigen Hundert Metern einen überwältigenden Eindruck auf mich macht. Dies habe ich auf allen Exkursionen versucht in Fotos festzuhalten. Fast 60.000 neue Aufnahmen sind es geworden, und ein neuer Bilderschatz ist so entstanden.

Landschaftlich gesehen ist es mir gelungen, nach den nahen Hügelländern auch die nächsten, dahinter liegenden zu erkunden. Folgende Muster kristallisieren sich mir heraus: Die Hügelländer vor den Bergländern sind von langwelliger Natur. Sanft und unmerklich sind sie ständig präsent, beim nahen Auf und Ab wie am Horizont. Je nach Blickwinkel rahmen hier aber Bergketten die Hügel ein, sodass sie sich zum Teil verlieren. Doch immer gibt es einen Berg, gewissermaßen als Übergang, der unter dem Blick der landschaftlichen Ordnung dem Hügelland zugerechnet wurde. Den wenigsten Einheimischen wird es bewusst sein, wo genau die Übergänge liegen. Während sie zur Lausitzer Platte hin in der Gegend um Bautzen eindrucksvoll eindeutig auszumachen sind, wird es um Kamenz und hier um Bischofswerda, im Bereich des vorgelagerten Westlausitzer Berglandes, schwieriger. Als wollte die Natur der einfachen Ordnung einen Streich spielen, liegen hier Berg und Hügel kreuz und quer zueinander. Hö-

Weitblick Richtung Westen vom Tanneberg bei Arnsdorf

97

Hügel vor den Bergen des Sudetenbogens – Friedersdorf, Ostlausitz

99

Die Landeskrone bei Görlitz – majestätischer Berg im Hügelland

101

henmäßig liegen diese Hügelländer zwischen 150 und fast 390 Höhenmetern, einzig der Elbtaleinschnitt vertieft markant auf unter 110 Meter über Normalnull und gibt den nach Osten angrenzenden Hügelländern etwas Gebirgiges.

Die Eiskante ist überall von besonderem Reiz und bis heute in der Landschaft auszumachen. Doch man muss seinen Blick dafür schärfen. Kurzwellige Kuppen tauchen manchmal unvermittelt auf und sprechen für frühere Endmoränen. Während die älteste Eiszeit hier hinüberzog, blieb der weiteste Gletschervorstoß der vorletzten Eiszeit etwas weiter nördlich stehen. Wie selten sonst in Europa liegen die maximalen Eisausbreitungen zweier Zeitalter begehbar dicht beieinander.

Meine Umrundung der dem Westlausitzer Bergland vorliegenden Hügelländer ist auch fast abgeschlossen. Befindet man sich unmittelbar hinter dem letzten Hügel, bereits im flachen Teil des Norddeutschen Tieflandes, ändert sich die Stimmung markant.

Das Auf und Ab, das Relief als Sensation ist vorbei, und der nahe Hügel oder Berg verdeckt all die dahinterliegenden. Die Möglichkeit, der Weiten der Landschaft gewahr zu werden, geht verloren. Wald, Teich und Feld bestimmen den Blick in nah und fern. Man kann sagen, dass durch das Fehlen der Hügel auch die optischen Sensationen fehlen, die Besonderheiten in der Wahrnehmung. Die Alternative dieses Gedankens ist für mich ebenso markant und relevant, liegt doch zuweilen ein besonderer Frieden in den Weiten dieser angrenzenden Landschaft nach Norden. Die Kämpfe der Erdgeschichte haben dort ruhigere Spuren hinterlassen.

Die Welt ist groß, über viele Jahre konnte ich dies sehen und erleben. Viele Reisen haben mich hinausgeführt, rund um den Erdball. Hier im Hügelland habe ich klein begonnen, erste Schritte gesetzt, sie haben mich hinaus aus dem Ort auf die unmittelbar umgebenden Hügel geführt. Und mich dann von Hügel zu Hügel geleitet. Neben den landschaftlichen Entdeckungen war es mir im ersten Jahr persönlich wichtig, die Orte, wo ich geboren und aufgewachsen bin, in denen ich viel Zeit meiner Kindheit verbracht habe, neu zu erfahren und zusammenzubringen. Mütterlicher- und väterlicherseits liegen die Orte fast 50 Kilometer auseinander. Es war familiär nie nur ein einziger Ort als Herkunft, sondern ein Mosaik, auch unterschiedlicher Landschaften. Es scheint mir, als wäre durch diese Herkunft mein Interesse für die verbindenden Elemente angelegt, wie eine innere Aufgabe, mit einem Hauch von Bestimmung.

Warum dieser ganze große Lauf? Vielleicht hat es etwas davon, Feuer mit Feuer zu bekämpfen. Die eigentümliche permanente Unruhe, dieses Leben auf dem Land an einer ganz normalen Straße, in die ich in meinem Heimatort nach meiner Rückkehr geraten bin, nutze ich zum Auslaufen. Für mich ist es ein kreativer und notwendiger Ausgleich.

Viel Zeit scheint vergangen zu sein, seitdem ich den ersten Hügel vor unserem Ort bestieg. Doch gerade einmal zwei Jahre sind ins Land gezogen. Die Intensität des Erlebens hat die Zeitspanne für mich zu einem Stück Ewigkeit gemacht. Kurioserweise hält sich heute der Glaube, man würde mit dem Auto Zeit gewinnen. Doch der Gewinn von Ewigkeit in diesen letzten zwei Jahren im Hügelland war für mich nur gehend möglich. Der Mensch geht wohl schon seit zwei Millionen Jahren auf dieser Erde umher. Hier geht einer davon auf einem Hügelland.

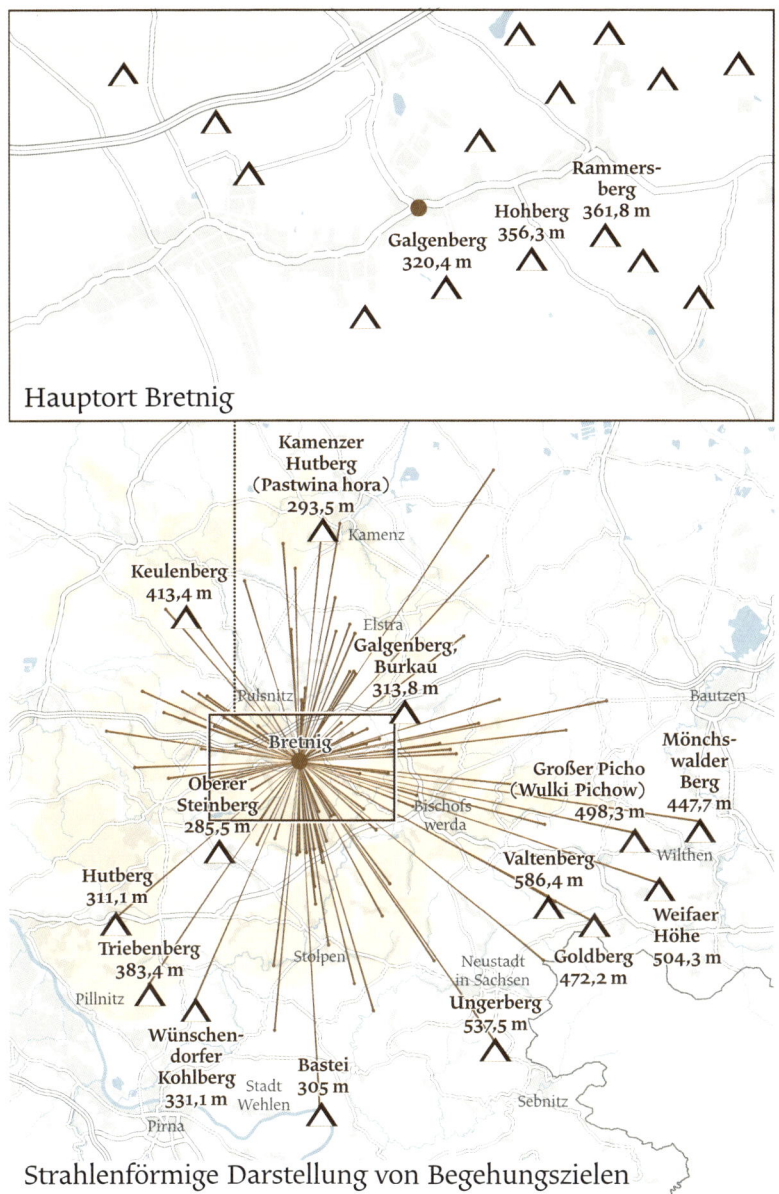

Hauptort Bretnig

Rammers-
berg
Hohberg 361,8 m
Galgenberg 356,3 m
320,4 m

Kamenzer
Hutberg
(Pastwina hora)
293,5 m

Kamenz

Keulenberg
413,4 m

Elstra
Galgenberg,
Burkau
313,8 m

Pulsnitz

Bautzen

Bretnig

Mönchs-
walder
Berg
447,7 m

Oberer
Steinberg
285,5 m

Großer Picho
(Wulki Pichow)
498,3 m

Bischofs-
werda

Wilthen

Hutberg
311,1 m

Valtenberg
586,4 m

Weifaer
Höhe
504,3 m

Triebenberg
383,4 m

Stolpen

Neustadt
in Sachsen

Goldberg
472,2 m

Pillnitz

Ungerberg
537,5 m

Wünschen-
dorfer
Kohlberg Stadt
331,1 m Wehlen

Bastei
305 m

Pirna

Sebnitz

Strahlenförmige Darstellung von Begehungszielen

TABELLE AUSGEWÄHLTER BEGEHUNGEN VOM HÜGELLAND AUS

Anmerkung Tour	Nr.	Datum	Ort
erste Exkursion	1	20.05.2021	Massenei
erstmals der »hohe Berg« hinterm Haus, bis heute 30 x	2	29.05.2021	Hohberg
erste Tageswanderung, erstmals von Elbe zurück	3	02.06.2021	Dresden – Neustadt – Bretnig
	4	09.06.2021	Hohberg – Rammersberg – Steinhübel
die zweite Tagestour nach der ersten Erschöpfung, erste Bergwanderung	13	28.06.2021	Hochstein – Ohorner Steinberg
Bergland, markanter Gipfel Richtung Nordwest	20	20.07.2021	Keulenberg
Bergland, zum höchsten Berg zu Fuß	28	25.08.2021	Rüdenberg – Valtenberg
reine Hügellandwanderung, nach Südost in Richtung Elbe, ohne sie jedoch zu erreichen	29	03.09.2021	Tanneberg – Rossendorfer Kuppen-Triebenberg
Gipfel Richtung Südost, im Oberlausitzer Bergland	39	03.10.2021	Napoleonstein – Heydelberg – Hoher Hahn-Jungfernstein – Tröbigauer Berg
Bergland, am weitesten nach Süden	44	10.10.2021	Wachberg – Ungerberg
der Marathon nach dem ersten Ultramarathon, zu den väterlichen Wurzeln	48	18.10.2021	Schöne Höhe-Breiter Stein – Böhmensberg
	60	11.11.2021	Großer Picho – Fuchsberg

MAI 2021 – MAI 2023

Start	Ende	Dauer (h)	Laufzeit (d/h)	Einzel km	Summe
16:19	20:10	3:51	01:56	10,31	
16:30	19:00	2:30	01:15	6,51	16,8
04:10	16:00	11:50	05:55	33,70	50,5
16:04	19:35	03:31	01:46	9,50	60,0
09:30	19:46	10:16	05:09	27,96	150,9
09:28	21:07	11:39	06:24	35,10	279,3
05:10	19:50	14:40	07:44	47,60	478,5
06:23	19:50	13:27	07:26	45:30	523,8
05:20	19:35	14:15	08:27	48,5	789,2
04:44	20:30	15:46	09:45	61,0	918,4
05:10	19:13	14:03	07:21	47,3	979,6
05:30	20:40	15:10	10:50	61,2	1322,8

		2022	
hier hab ich mir was weg-geholt...	121	10.02.2022	Kapellenberg Karsch-berg Viehwegberg
Märzenbecher	126	24.02.2022	Polenztal
erstmals zur Elbe hin	150	23.03.2022	Hüttertal – Dresdener Heide – Weißer Hirsch – Reick
	151	24.03.2022	Reick – Pillnitz – Bors-berg – Tanneberg
zum Ort meiner frühen Kindheit (Piskowitz), NSG Auenwald	153	26.03.2022	Lasker Auenwald – Buschwindröschen
	155	28.03.2022	Wesenitzquelle
	167	18.04.2022	Gaußig-Göda
erstmals Elbsandsteinge-birge	184	14.05.2022	Bastei
Rekord Luftlinie (25,0 km)	185	14.05.2022	Mönchswalder Berg
Rekord Streckenlänge, Re-kord Dauer	193	02.06.2022	Weifaer Höhe
Oschatzer Hügelland	198	22.06.2022	Collmberg
Friedersdorfer und Soh-lander Löss-Hügelgebiet	205	28.07.2022	Gersdorf – Frieders-dorf-Rotstein
	233	26.09.2022	Steinberge – Kleinditt-mannsdorf
Der »Wald der Weltpolitik«, ehemaliger Atomraketen-Standort	234	30.09.2022	Uhyst am Taucher

06:55	16:00	09:05	04:28	22,2	1897,2
05:60	17:45	11:55	08:29	46,2	1992,2
07:00	19:15	12:15	06:20	35,5	2331,8
06:59	18:45	11:46	07:06	35,3	2367,1
05:40	19:15	13:35	09:54	56,9	2426,4
05:00	20:45	15:45	08:32	46,8	2475,6
04:35	21:30	16:55	09:55	58,8	2688,4
04:25	22:00	17:35	09:17	57,7	2976,0
03:20	21:10	17:50	10:38	62,4	3038,4
03:20	22:25	19:05	11:07	64,5	3179,8
02:35	22:45	20:10	05:18	42,1	3362,2
03:50	23:15	19:25	05:58	31,7	3471,9
13:00	20:40	07:40	04:27	25,1	3694,9
05:50	20:45	14:55	06:54	38,1	3733,0

Tanneberg morgens, der perfekte Hügel	241	23.10.2022	Wesenitztal – Stolpen
langer Nachtweg zurück, hingefallen im Stockdunkel	239	17.10.2022	Oberer Steinberg – Lindenberg – Kohlberg
stürmische Nachtwanderung zurück, Grenzerfahrung	240	20.10.2022	Semmers Berg – Wohla-Prietitz
hier kommt ein alter Schmerz zurück	255	12.11.2022	Gickelsberg – Reinhardtsberg – Hasenberg
Westlausitzer Bergland	259	19.11.2022	6 x 400-Meter-Gipfel Frühwinter
Eisrandkante Nordost	262	25.11.2022	Brauna Butterberg
ein Hauch von Frühling	318	10.03.2023	Hohberg Südhang
	320	12.03.2023	Steinhübel – Pfarrberg – Sommersteg
Eisrandkante Nordwest	321	16.03.2023	Langebrücker Hügel
auf nahen unbekannten Wegen	322	18.03.2023	Große Bretnigrunde
erstmals Loschwitz	326	22.03.2023	Radeberg – Weißer Hirsch – Klotzsche
	330	26.03.2023	Röhrsdörfer Radeberger Runde
	348	18.04.2023	Pulsnitz – Königsbrück
Flachlandgrenze nach Norden, erstmals Teichland	359	10.05.2023	Galgenberg – Steinberg – Osslinger Berg
Kleinkuppengebiet	368	27.05.2023	Klotzsche – Moritzburg

05:45	18:30	12:45	06:22	36,47	4059,8
05:35	20:30	14:55	09:00	49,6	3969,8
06:30	22:40	16:10	09:31	53,5	4023,3
09:10	19:30	10:20	03:04	16,9	4289,4
06:30	18:00	11:30	05:05	26,4	4348,8
05:55	18:10	12:15	05:00	26,4	4379,3
10:35	12:55	02:20	01:08	5,06	4560,9
07:10	13:40	06:30	03:42	19,0	4770,8
06:00	19:30	13:30	05:48	34,73	4805,5
07:45	19:20	11:35	06:59	35,43	4840,9
08:20	21:30	13:10	05:33	34,17	4947,2
07:20	19:15	11:55	09:46	53,20	5089,5
07:15	20:00	12:45	07:10	39,20	5812,7
07:00	21:00	14:00	07:20	37,60	6148,3
04:30	00:30	20:00	08:53	50,75	6386,2

Die Pappeln der Alten Straße werfen Schatten in Richtung Galgenberg

Hügelländer im südöstlichen Sachsen mit den Rändern der eiszeitlichen Bedeckung

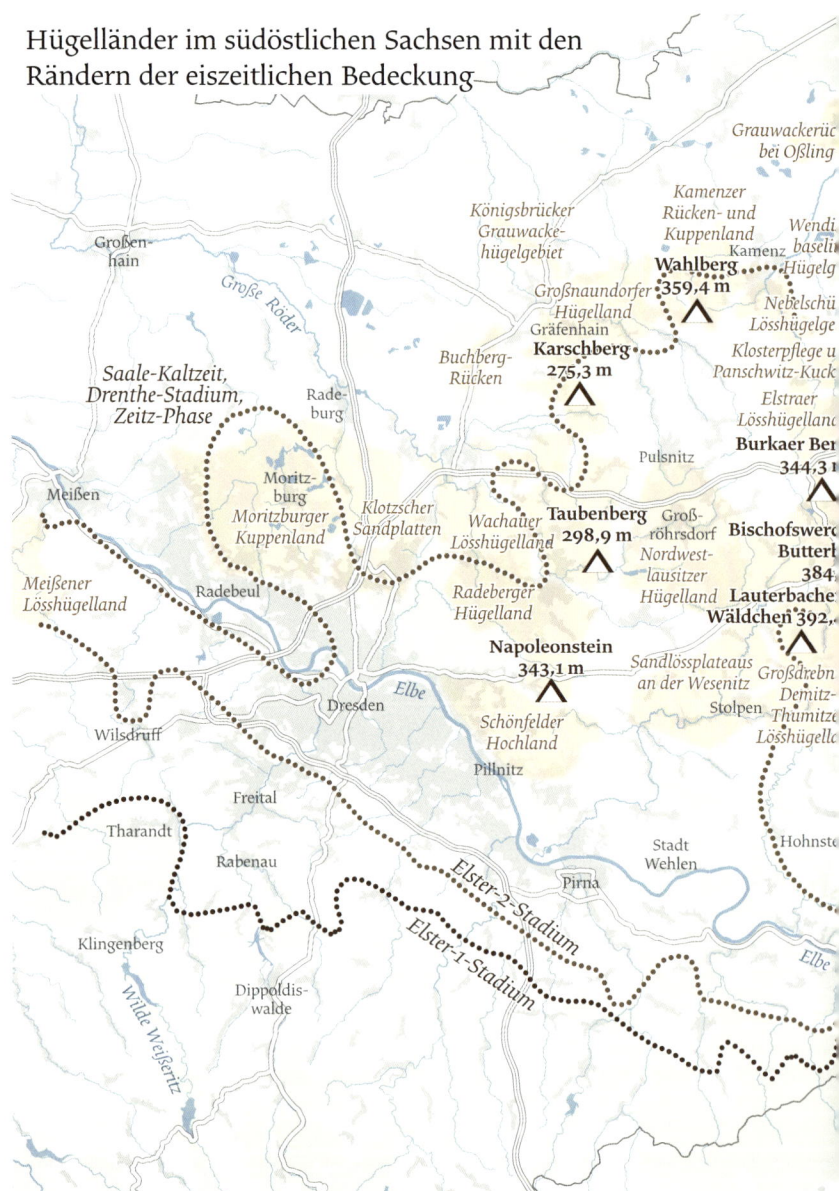

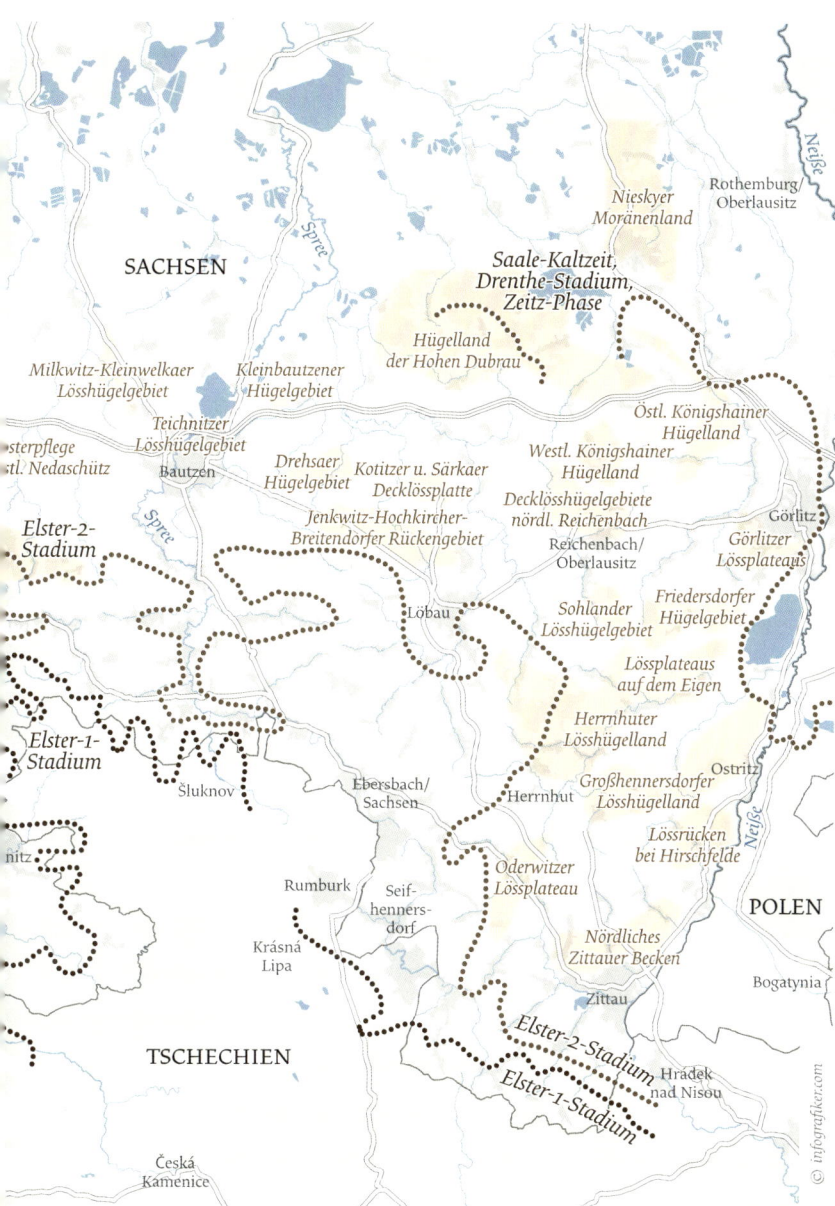

SACHSEN

Nieskyer
Moränenland

Rothemburg/
Oberlausitz

Saale-Kaltzeit,
Drenthe-Stadium,
Zeitz-Phase

Hügelland
der Hohen Dubrau

Milkwitz-Kleinwelkaer
Lösshügelgebiet

Kleinbautzener
Hügelgebiet

Östl. Königshainer
Hügelland

Teichnitzer
Lösshügelgebiet

sterpflege
stl. Nedaschütz

Westl. Königshainer
Hügelland

Drehsaer
Hügelgebiet

Kotitzer u. Särkaer
Decklössplatte

Decklösshügelgebiete
nördl. Reichenbach

Görlitz

Bautzen

Görlitzer
Lössplateaus

Spree

Jenkwitz-Hochkircher-
Breitendorfer Rückengebiet

Reichenbach/
Oberlausitz

Elster-2-
Stadium

Löbau

Sohlander
Lösshügelgebiet

Friedersdorfer
Hügelgebiet

Lössplateaus
auf dem Eigen

Elster-1-
Stadium

Herrnhuter
Lösshügelland

Šluknov

Ebersbach/
Sachsen

Großhennersdorfer
Lösshügelland

Ostritz

Herrnhut

Neiße

nitz

Lössrücken
bei Hirschfelde

Rumburk

Seif-
henners-
dorf

Oderwitzer
Lössplateau

POLEN

Krásná
Lipa

Nördliches
Zittauer Becken

Bogatynia

Zittau

Elster-2-Stadium

Hrádek
nad Nisou

TSCHECHIEN

Elster-1-Stadium

© infografiker.com

Česká
Kamenice

115

WANDEREMPFEHLUNGEN UND MUSEEN

Nordwestlausitzer Hügelland

»Natur-Erlebnis-Pfad« am Butterberg

Auf der höchsten Erhebung des Hügellandes:
Bischofswerdaer Butterberg – Butrowa hora –
(381,1 m), Aussichtsturm und Bergpark.

Rundwanderweg Bretnig

Der Weg eignet sich gut als kurze Wandertour.
Ausgangspunkt ist der Klinkenplatz, der mit
dem Bus erreicht werden kann.

Gruna-Wanderweg

Am Rande des Westlausitzer Berglandes
ins Goldbacher Granithügelgebiet.

Kamenz-Stolpen

Durch drei Hügelländer und ein Bergland.

Westlausitz-Rundweg
Westlausitzer Hügelland mit kleinem
Abstecher ins Bergland (5-Tages-Tour).

Umgebende Hügelländer (von Nord im Uhrzeigersinn)

Kamenzer Rücken- und Kuppenland
Kamenzer Hutberg – Pastwina hora
(293,5 m + Lessingturm) –
außergewöhnliche Aussicht, Parkanlage
im Jugendstil.

Südwestlausitzer Hügelland
Burgberg Stolpen (356,0 m).

Lössplateaus bei Schönfeld-Weißig
Schönfelder Hochland: Rundwanderung von
Dresden-Pillnitz zum Triebenberg (383,4 m).

Radeberger Hügelland
Radeberger Rundwanderweg.

Radeberger Hügelland
Rundwanderung von Weißig zum
Napoleonstein (343,1 m).

Wachauer Lösshügelland
Kleinröhrsdorfer Rundwanderweg über
Taubenberg, Kleinröhrsdorf (298,9 m).

**Zwischen Radeberger Hügelland und
Wachauer Lösshügelland**
Seifersdorfer Runde.

**Zwischen Radeberger Hügelland und
Wachauer Lösshügelland**
Lausitzer Schlange (Teilstück).

Museen – Erdgeschichte zum Anfassen mit Erklärungen

Museum der Westlausitz Kamenz

**Senckenberg Museum
Görlitz**

Holzmichelbank mit Blick Nordost – Galgenberg Burkau

© Thomas Kunadt

121

ÜBERSICHT DER HÜGELLÄNDER IN DEUTSCHLAND

Großlandschaftsgruppe, Bundesland, Beispiel
BW Baden-Württemberg, BY Bayern, RP Rheinland-Pfalz, SL Saarland, HE Hessen, NW Nordrhein-Westfalen, NI Niedersachsen, TH Thüringen, ST Sachsen-Anhalt, SN Sachsen, SH Schleswig-Holstein, MV Mecklenburg-Vorpommern, BB Brandenburg

Voralpine Hügelländer BW, BY   Nördliches Bodensee-Hügelland

Unterbayerische Hügellander BY   Isar-Inn-Hügelland

Oberpfälzisch-Obermainische Hügellander BY
Küps-Mainleuser Hügelland

Hügelländer im Fränkischen Keuper-Lias-Land BY
Itz-Baunach-Hügelland

Hügelländer der Gäuplatten im Neckar- und Tauberland BW
Schozachhügelland

Hügelländer im Pfälzisch-Saarländisches Muschelkalkgebiet RP, SL
Zweibrücker Hügelland

Hügelländer im Saar-Nahe-Bergland RP, SL
Merzig-Bachemer Sandsteinhügelland

Hügelländer im Oberrheinischen Tiefland RP, HE   Alzeyer Hügelland
(Rheinhessisches Tafel- und Hügelland)

Hügelländer im Moselta RP   Klausener Hügelland

Hügelländer in der Eifel RP   Vlattener Hügelland

Hügelländer im Mittelrheingebiet RP   Pleiser Hügelland

Hügelländer im Lahntal und Limburger Becken HE   Südlimburger
Beckenhügelland

Hügelländer im Westerwald HE, NW
Südoberwesterwälder Hügelland

Hügelländer im Süderbergland HE, NW   Warsteiner Hügelland

Hügelländer im Vennvorland   NW   Aachener Hügelland

Hügelländer im Niedersächsisch-Hessischen Bergland   HE, NI, NW
Bega-Hügelland

Hügelländer im Unteren Weserbergland   NW, NI
Osnabrücker Hügelland

Hügelländer im Thüringischen Becken   TH, ST
Unteres Unstrut-Hügelland

Hügelländer der Oberlausitz   SN   Nordwestlausitzer Hügelland (im Buch näher beschrieben)

Mittelsächsische Hügelländer   SN   Oschatzer Hügelland

Hügelländer im Nördlichen Harzvorland   NI, ST
Ostbraunschweigisches Hügelland

Schleswig-Holsteinisches Hügelland   SH

Inneres Flach- und Hügelland von Rügen   MV

Uckermärkisches Hügelland   MV

Westmecklenburgisches Seenhügelland   MV

Nordwestmecklenburgisches Hügelland   MV   Usedomer Hügelland

Nordbrandenburgisches Hügelland   BB

Hügelländer der Ostbrandenburgischen Platte   BB
Buckower Hügelland

Hügelländer im Ostbrandenburgischesn Heide- und Seengebiet   BB
Saarower Hügel

Hügelländer des Fläming   STBB   Nördliches Fläming-Waldhügelland

Altmärkisches Waldhügelland   ST

Bei der eiszeitlichen geprägten norddeutschen Landschaft wurden nur die als Hügelländer bezeichneten Landschaften berücksichtigt.

ANDERE HÜGELLÄNDER IN EUROPA (AUSWAHL)

Heuvelland (Hügelland)	Süd-Limburg	Belgien/Niederlande	
Mols Bjerge	Jütland	Dänemark	
Montagne de Reims (Reimser Hügelland)	Grand Est	Frankreich	
Cotswolds	Südengland	Großbritannien	
Wicklow Mountains (Südteil)		Irland	
Zona collinare di Marche (Hügelland der Marken)	Mittelitalien	Italien	
Weinviertler Hügelland (Waschbergzone)	Karpatenvorland	Österreich	
Ruster Hügelland/ Szárhalmi Erdő (Szarhalmer Wald)	Pannonien	Österreich, Ungarn	
Wzniesienia Południowomazowieckie (Südmasowisches Hügelland)	Masowien	Polen	
Grzęda Horodelska(Horodo-Hügelland)	Wolhynien	Polen, Ukraine	
Podunajská pahorkatina (Donauhügelland)	Donautiefland	Slowakai	
Brösarps Backar	Österlen	Schweden	
Herblinger-Dörflinger Hügelland	Alpenvorland	Schweiz	
Úštěcká pahorkatina(Auschaer Hügelland)	Nordböhmen	Tschechien	
Milovická pahorkatina (Milowitzer Hügelland)	Südmähren	Tschechien	

Höchste Erhebung   m

Vaalserberg (BE/DE/NL)	322	
Agri Bavnehøj	137	de.nationalparkmolsbjerge.dk
Mont Sinaï	286	www.parc-montagnedereims.fr/en
Cleeve Hill	330	www.visitbritain.com/de/reiseziele/england/cotswolds
		www.echtirland.de/sehenswuerdigkeiten/wicklow-mountains
Monte Cerno	348	www.unbekanntes-italien.com/huegellandschaft-der-marken/
Buschberg	491	
Pinty-Tető – Finkenkogel	261	www.burgenland.info/dc/detail/POI/ruster-huegelland-10
Lindgrens backar	24	www.guidebook-sweden.com/de/reisefuehrer/reiseziel/broesarps-backar-huegellandschaft-broesarp
Hořidla	371	
Stará hora (Altenberg)	351	

QUELLEN

Literaturquellen:

Autorenkollektiv: Dresdner Heide, Pillnitz, Radeberger Land, Berlin 1976.

Lehmann, Edgar: Lössnitz und Moritzburger Teichlandschaft, Berlin 1973.

Lemme, Hermann: Um Stolpen und Neustadt, Berlin 1970.

Meynen, Emil; Schmithüsen, Josef; (Johannes F. Gellert, Ernst Neef, Heinrich Müller-Miny, Joachim Heinrich Schultze): Handbuch der naturräumlichen Gliederung Deutschlands, Remagen 1959.

Neumann, Hans: Westliche Oberlausitz zwischen Kamenz und Königswartha, Berlin 1990.

Nitzsche, Gottfried: Sagen und Geschichten der Massenei und umliegender Orte, Spitzkunnersdorf 2001

Prescher, Hans: Zeugnisse der Erdgeschichte Sachsens, Leipzig 1987.

Schmidt, Werner: Lausitzer Bergland um Pulsnitz und Bischofswerda, Berlin 1983.

Schmidt, Werner: Görlitz und seine Umgebung, Weimar 1994.

Schütze, Theodor: Um Bautzen und Schirgiswalde, Berlin 1967.

Siegl, Ernst: Unsere Oberlausitzer Berge, Bautzen 1991.

Zühlke, Dietrich: Um Oschatz und Riesa, Berlin 1977.

Internetquellen:

Bräunlich, Matthias: kristallin. URL: www.kristallin.de (zul. aufgerufen am 07.09.2023).

Freistaat Sachsen: Geoviewer. URL: https://geoviewer.sachsen.de/mapviewer/index.html ((zul. aufgerufen am 07.09.2023).

IÖR-Forschungsdatenzentrum (IÖR-FDZ): FDZ Naturräume in Sachsen. URL: https://bit.ly/fdznaturraeume (zul. aufgerufen am 07.09.2023).

Komoot GmbH: Komoot Routenplaner. URL: www.komoot.de (zul. aufgerufen am 07.09.2023).

Landkreis Mühlendorf a. Inn: Schätze der Eiszeitlandschaft. Ein Naturschutzprojekt im Raum Haag i. Ob und Wasserburg a. Inn. URL: https://schaetze-der-eiszeitlandschaft.de/ (zul. aufgerufen am 07.09.2023).

Sächsische Staatskanzlei Dersden: Geoportal Sachsenatlas. URL: https://geoportal.sachsen.de/ (zul. aufgerufen am 07.09.2023).

Soldati, Fabio: PeakFinder. URL: www.peakfinder.com (zul aufgerufen am 07.09.2023).

Wikipedia: Naturräume in Sachsen (2022). URL: https://de.wikipedia.org/wiki/Naturräume_in_Sachsen (zul. aufgerufen am 07.09.2023).

wurde in der Lausitz geboren und ist dort aufgewachsen. Schon früh zeichneten ihn intensive Sammelleidenschaften aus und die Recherche des thematisch dazugehörigen Wissens. Im Text dieses Buches nennt er z. B. die Passion für Gesteinsfunde und die Erforschung des dazu verfügbaren Wissens. Eine weitere Sammelleidenschaft wurde noch zu DDR-Zeiten elektronische Musik, vor allem diejenige »aus dem Westen«.

Die Fortsetzung dieser Passion führte ihn nach der Wende selbst in den Westen, nach Hamburg zum Studium der Musikwissenschaft. Doch sehr bald entwickelte er am Elbufer eine in Hamburg nicht gar zu fernliegende weitere intensive Neigung und Neugier: Schiffe. 30 folgende Jahre in Hamburg machten ihn zu einem der »besten Schiffefotografen« (»Hamburger Abendblatt«), und auch hierbei verknüpfte er Passion, das Handwerk und die Entwicklung seiner Fotografie mit der akribischen Erkundung des recherchierbaren Wissens. Aus Letzterem entstand eine Schiffsdatenbank zu über 750.000 historischen und aktuellen Schiffen, schlicht eine Weltdatenbank der Schifffahrt.

Passion, Sensation (Wahrnehmung) und Fundierung/Ordnung verknüpfen sich bei Thomas Kunadt zu einem barocken Gesamtentwurf. Körperlicher Einsatz ist dabei keine Grenze, sondern Mittel zur Erreichung seiner Ziele. Diese vielfältigen Faktoren und Komponenten kennzeichnen auch die neue Rückeroberung seiner alten Heimat in der Lausitz, in die er aus Hamburg zurückgekehrt ist: Leidenschaft, körperlicher Einsatz bis an die Grenzen des Möglichen, Forschung, Wissenseroberung und Systematisierung. Nicht zu vergessen: seine häufig atemberaubende Fotografie.

Es deutet sich an, dass er seine gerade begonnene neue Wissensreise mit der Eroberung höherer Erhebungen fortsetzt, Thomas Kunadt ist bereits auf dem Weg in die Berge.

Von Thomas Kunadts Schiffe-Büchern sind einige noch lieferbar, wir nennen hier diese:

Thomas Kunadt: Kennst du Schiffe? Hamburg (Kinderbuch)

Thomas Kunadt: Schiffe. Was schwimmt denn da?

Thomas Kunadt: Shipspotting. Hamburg – die Schiffe, der Hafen und die Elbe.

Seine große 600-Seiten-Summa »Schiffe. Eine Passion« ist noch in Restexemplaren lieferbar und wohl auch antiquarisch erhältlich – es lohnt sich, dieses vor allem fotografisch sensationelle Werk anzusehen.

DANK DES VERLAGES

Für die EUROPEAN ESSAYS arbeiten wir in der Bebilderung mit Bildenden Künstlerinnen und Künstlern zusammen.

Insbesondere mit RÜDIGER TILLMANN, von ihm stammen die akribischen Federzeichnungen im Vor- und Nachsatz dieses Buches sowie Tuschen und Kreiden. Mehr von ihm findet man hier: www.derwaldrauscht.de

Die genauen, gezeichneten Porträts der Autorinnen und Autoren der Serie stammen von ANIKA TAKAGI.

Von Thomas Kunadt stammen die Fotografien.

Zur Gestaltung der Reihe gehören immer auch die Karten von Markus Kluger (infografiker.com).

Wir danken Wandrer für die Erlaubnis zum Abdruck der Grafiken.

Die weiteren Copyrights sind bei den jeweiligen Abbildungen verzeichnet.

EUROPEAN ESSAYS ON NATURE AND LANDSCAPE

WO WIR LEBEN

Landschaften und Naturphänomene in Europa. Beschrieben in ihrer Eigentümlichkeit. Berichtet wird davon, was die jeweilige Landschaft ausmacht, was sie war, was sie ist, was sie wird. Die Autorinnen und Autoren haben freies Spiel, ihr persönlicher Zugang zur jeweiligen Landschaft bestimmt und führt den Text. Die Essays verleiten zum eigenen Naturerleben und -erforschen.

EUROPEAN ESSAYS

Die Bücher dieser Reihe erscheinen im Verbund
mit Kolleginnen und Kollegen in Europa.

europeanessays.eu